U0130143

真理与实践

解读《道德经》

郭景华 著

九州出版社
JIUZHOUPRESS

**图书在版编目（CIP）数据**

真理与实践：解读《道德经》／郭景华著 . --北京：九州出版社，2022. 11

ISBN 978-7-5225-1322-5

Ⅰ.①真… Ⅱ.①郭… Ⅲ.①道家②《道德经》—研究 Ⅳ.①B223. 15

中国版本图书馆 CIP 数据核字（2022）第 204810 号

**真理与实践：解读《道德经》**

| | |
|---|---|
| 作　　者 | 郭景华　著 |
| 责任编辑 | 王文湛 |
| 出版发行 | 九州出版社 |
| 地　　址 | 北京市西城区阜外大街甲 35 号（100037） |
| 发行电话 | （010）68992190/3/5/6 |
| 网　　址 | www.jiuzhoupress.com |
| 印　　刷 | 北京洲际印刷有限责任公司 |
| 开　　本 | 880 毫米×1230 毫米　　32 开 |
| 印　　张 | 6. 125 |
| 字　　数 | 110 千字 |
| 版　　次 | 2023 年 1 月第 1 版 |
| 印　　次 | 2023 年 1 月第 1 次印刷 |
| 书　　号 | ISBN 978-7-5225-1322-5 |
| 定　　价 | 39. 00 元 |

★版权所有　　侵权必究★

# 序

# 今生期待有指引

　　2017 年夏秋之交，46 岁的我处在人生的转型期，彷徨苦闷至极。也许是冥冥中的一个指引，我找到了传统文化经典，徜徉于《论语》《道德经》《鬼谷子》《易经》的千年智慧中，感受着中华民族五千年文明的指引。渐渐地，似有所悟，那修身、修心、修识、修为的大道，日渐清晰起来——这些经典不正是我耗费前半生在一直孜孜以求的那双"慧眼"吗！豁然间，人世间的条条大道清晰地展现在眼前，这真叫做"相见恨晚"呀！孔子教人"观己律己"，老子教人"观世界顺应自然"，鬼谷子教人"观他御他"，《易经》则蕴含着勤劳勇敢的炎黄子孙在人类社会发展的历史长河中总结验证的方法、智慧的结晶……这一个个来自世界最东方两三千年前的智者，这一部部历经千年印证的经典，竟是"众里寻他千百度"的智慧！

　　我陷入了沉思。世人皆需经典智慧的指引。是否每一个人都要坎坷半生、头破血流之际，才意识到需要经典的指引呢？由是我想到了解读经典之意义，我想让每一个人都能够较轻松地了解一下经典的大致要义。有慧根者可寻来原著及历代典籍研读以受益，可对世间万事万物之规律认识一二，从而掌握一些圣贤的智慧，能够做到知己、知人、知世界，人人之间、人物之间、人事之间皆按照规律规则运行，这世界岂不井然有序一片祥和！我还有一个想法，如果人们能够在小学阶段完成《论语》的学习，懂得知己律己的道理，在中学阶段完成《道德经》的学习，树立正确的世界观价值观人生观，在大学阶段完成《鬼谷子》《易经》的学习，掌握为人处世的"方法论"，那么，学成这些经典后再进入社会的人才，就像拿到驾照驾车上路的驾驶员一样，人人做到按规则而行，定会较顺利地抵达幸福人生目的地，少了很多的坎坷烦恼。这也是我解读《道德经》的初衷！

特别告知：本书名为"真理与实践"，原因是，《道德经》的"道"可解读为世间万物运行的客观规律，即"真理"；而"德"是指遵循真理行事，可解读为"实践"。因此，上篇"道经"称为"真理篇"，下篇"德经"则称为"实践篇"。

需要郑重告知的还有，《道德经》八十一篇，按照我的粗浅理解，每一篇还赋予一个题目，力求能够突出老子的心意；为方便对照原著阅读，每一篇分原文和解读两部分。

我的本意是尽自己的能力，对每一篇经典的每一句话都能够做到较准确的解读，尽量去掉自己主观的成分。但是，我自身学识、阅历所限，其中自会带有自己的一些谬误理解，还请读者多多指正。在此感谢在本书成书过程中给予帮助的各位师友，并请继续提出宝贵意见，以期本书能对中华民族国学经典的推广做出一点贡献！致敬先贤才智！致敬经典！

郭景华

2022 年 8 月

# 目 录

## 上篇 道经·真理篇

## 下篇　德经·实践篇

【上篇　道经】

真理篇

# 第一章

# 我们到底应该信什么？

道可道，非常道；名可名，非常名。无名天地之始，有名万物之母。故常无，欲以观其妙；常有，欲以观其徼。此两者同出而异名，同谓之玄，玄之又玄，众妙之门。

体悟着老子在 2500 年前对世界的认知，竟是如此的朴实、科学！通篇围绕对世界的认知共谈了四点：一是"道可道，非常道；名可名，非常名"，说人类对世界的认识是受时间空间以及自身的认知能力等所局限的，这里，我看到了老子告诉人们应该用发展的科学的态度认识世界。二是"无，名天地之始，有，名万物之母"，老子谈到人类对世界的认识是一个从无到有的一个渐近的过程。三是"故常无，欲以观其妙；常有，欲以观其徼"，老子教给人们认识世界的方法，即，在开始的时候要认真观察总结，一旦有了一定的认识，就可以不断地去反复验证以找到事物变化的极限点，从而对其适用的条件予以把握！四是"此两者同出而异名，同谓之玄，玄之又玄，众妙之门"，老子指出这种对事物从无到有的认识态度和方法是重要的、关键的，是人类获取真理的源泉！

以上是我的体悟，我在想，2500 年前，以老子为代表的圣贤，在人类对世界很有限的认知条件下，凭借着科学的态度和方法一点一点地认识着这个世界！而当今，还有好多人在困惑甚至迷惑于这些问题！更有甚者，还在陷于迷信！老子的世界观和认识论可以从正本清源的角度帮助人们树立正确的世界观、获得正确的认识世界的方法论，以免很多人陷入人云亦云、想当然、"似乎有"、"信则有不信则无"等错误的状态。

# 第二章

## 认识一下矛盾体的相互依存性和
## 世间万物的关联性

天下皆知美之为美，斯恶已；皆知善之为善，斯不善已。有无相生，难易相成，长短相形，高下相倾，音声相和，前后相随，恒也。是以圣人处无为之事，行不言之教，万物作而弗始，生而弗有，为而弗恃，功成而弗居。夫唯弗居，是以不去。

在这一章，老子开篇首先列举了八对对立的矛盾体：美丑、善恶、有无、难易、长短、高下、音声、前后。我看到，这八个矛盾体是极端对立的，但是，通过对美丑善恶的对比识别，以及其它六对矛盾体相成、相生、相形、相倾、相和、相随等的分析，让我们清晰地看到，即使是看上去极其相反的两件事情，都是互相依存的，从而老子进一步阐释了，既然这些矛盾体都是相互依存的，那世界上的万事万物都是由其内在的客观规律决定了其相关联性！我想，老子正是用这种极端的例子来力图让人们更容易认识到事物之间的关联性！

接着，老子又列举了智者的六种处世方式：处无为之事，行不言之教，作而弗始，生而弗有，为而弗恃，功成而不居。从而把显而易见的结论呈现给世人，即"夫唯弗居，是以不去"。这样，老子将视角从自然现象转到被世人高度认可的智者的为人处世方式及其结论，我认为，这也是老子用心良苦的对其"矛盾体的相互依存性"以及"万事万物的关联性"的进一步阐述！当然，这里面贯穿着老子的辩证法。

# 第三章

## 如何达成治理的最高境界"无为而治"

不尚贤，使民不争；不贵难得之货，使民不为盗；不见可欲，使民心不乱。是以圣人之治，虚其心，实其腹；弱其志，强其骨。常使民无知无欲，使夫智者不敢为也。为无为，则无不治。

"无为而治"是老子治理思想的精髓，其所指"无为"应为"不妄为"，而非"不作为"，是按照事物的客观规律作为。在本章，老子围绕如何达成"无为而治"的目的，做了详细的阐述。本章开篇，老子直抒胸臆，列举出三个达成"无为而治"的措施并给出对应的结论，即：一是对团队成员公平对待，结论是可以激发出主人翁精神；二是不以物质利益刺激团队成员，结论是可以激发出人们高尚的情操；三是不以欲望的激发为手段，结论是能够让团队充满正能量！

接着，老子又从对团队成员的培养方面提出四个关键，即"虚其心，实其腹，弱其志，强其骨"，我理解为"虚心向上、共同富裕、目标具体可实现、身心健康"。接着，老子进一步阐述了如何达成民风淳朴的具体方法，即"常使民无知无欲，使夫智者不敢为也"，这是告诉我们，要令每一个人都不会因忧虑恐惧而处心积虑、争名夺利，从而达到民风淳朴的境界，就要着力培养人们拥有宽容、仁爱、朴实的大智慧，从而使那些耍小聪明、功于心计之人没有了生存的土壤，这样"为无为，则无不治"，也就是管理者如果把顺应人们的天性、提倡美德、弘扬正能量作为治理的指导思想，则定会出现最和谐的局面。

# 第四章

## 老子教给我们全面认识真理

道冲，而用之或不盈，渊兮，似万物之宗。挫其锐，解其纷，和其光，同其尘。湛兮，似或存。吾不知谁之子，象帝之先。

本章，老子从四个维度来教给我们全面认识真理。第一个维度讲了真理存在的普遍性，"道冲，而用之或不盈"。第二个维度讲了真理对事物运行的决定性，"渊兮，似万物之宗"。前两个维度讲的是真理的重要性，接着针对如何发现认识真理，老子给出了四个具体的步骤、方法，这就是本章老子给我们呈现的真理的第三个维度，即"挫其锐，解其纷，和其光，同其尘"。我的理解是：第一步，对每个事物的个性化的部分进行识别去除；第二步，对同类事物之间不同意见和表象进行分析判断，去粗取精，去伪存真；

第三步，提取提炼同类事物共同的部分，从而发现事物的内在规律；第四步，反复不断地在实践中进行检验，在时间中进行沉淀。然后，"湛兮，似或存"，这样，那些深藏在万事万物内的真理就一定会彰显出来。而且，在最后，对于真理存在的源头老子给出了自己的判断，这是老子对真理认识的第四个维度，即"吾不知谁之子，象帝之先"：没有人知道真理是从什么时候开始存在的，但是它好像先于宇宙万物，而且与宇宙的万事万物同在。我想，这就是2500年前先贤的判断，这种判断无疑是科学的。

# 第五章
# 遵循真理，平等相待

天地不仁，以万物为刍狗；圣人不仁，以百姓为刍狗。天地之间，其犹橐籥乎？虚而不屈，动而愈出。多言数穷，不如守中。

在本章，老子首先讲了真理是普遍适用的，兀自作用于万事万物，即"天地不仁，以万物为刍狗"。然后，又讲到智者的治世、开启民治是平等对待的，即"圣人不仁，以百姓为刍狗"。接着，老子举了一个人人皆知的例子，即风箱有节奏地拉动就可以出风的道理，来说明以上两个真理和这个例子是相通的，从而，更进一步阐述这真理的普遍适用性："天地之间，其犹橐籥乎？虚而不屈，动而愈出。"接着顺势提出对于真理的运用，不要注入主观的意志，即"多言数穷，不如守中"。

# 第六章

# 真理的探索无止境

谷神不死，是谓玄牝。玄牝之门，是谓天地根。绵绵若存，用之不勤。

本章，老子主要讲了真理是无穷尽的，即"谷神不死"。然后，老子对真理的来源做了猜想，老子在这里想到，真理是有一个来源的，这个来源是什么呢？老子当时无从得知，只是凭自己的判断，打了一个比方即"是谓玄牝，玄牝之门，是谓天地根"，这个"玄牝之门"或许可以理解为星体运行，或许可以理解为微观世界的分子、原子、电子等的运行。这个"天地根"或许可以认为是地球引力等。最后，老子认识到人类对真理的探索是无止境的——"绵绵若存，用之不勤"。老子的这些认识无疑有其客观性。

# 第七章

# 关爱他人成就永恒

天长地久。天地所以能长且久者，以其不自生，故能长生。是以圣人后其身而身先，外其身而身存。非以其无私，故能成其私。

在这一章里，老子谈到了一个人人都想达到的目标，这个目标就是"成就永恒"，即"天长地久"。并且，老子给出了成就永恒的方法，就是"关爱他人"，即"天地所以能长且久者，以其不自生，故能长生"。也就是，天地因为不关注自身的成长而是关注万物的成长，从而万物昌盛，才成就了自己的永恒！接着，老子的视角按照惯例自然地从"天地"转而到"圣人"："是以圣人后其身而身先，外其身而身存。非以其无私，故能成其私。"老子这里所说的圣人，我认为就是明白开篇所说的道理的人，因此圣人能够做到先人后己、先身外后身内，所以会得到众人的关注和拥戴，从而让自己实现如"天地"般的"永恒"！

　　从而，我想到，老子在这里是想要告诉我们，一个人一心一意全神贯注地爱他人，才是唯一的成就自己"永恒"的法宝！只有做到爱之深切，让你的爱永远驻留在人们的心里，甚至化为一种精神，凝聚固化为个人的精神、民族的精神甚至人类的精神，你就真的达到"永恒"了！我想，每一个领导人无一例外，都在试图将自己的精神固化为组织的精神，那么，答案如果只有一个的话，那就是"爱"了！结论应该就是"关爱他人成就永恒"！

# 第八章

# 为人当学"水"一生无过错

上善若水。水善利万物而不争，处众人之所恶，故几于道。居善地，心善渊，与善仁，言善信，政善治，事善能，动善时。夫唯不争，故无尤。

在本章，老子从万物之中找到最好品格的"水"来作为人们为人处世的榜样。首先总括地阐述了水专注于对万物的滋养和总是处在最低处这两个特点，来论证水的特点最接近于前几章所说的真理，即："上善若水。水善利万物而不争，处众人之所恶，故几于道。"接着又列举出水的七个特质，从而道出为人处世应该做到的七个方面，即："居善地，心善渊，与善仁，言善信，正善治，事善能，动善时。"一是姿态低调以赢得众人的爱戴；二是做人不张扬以免遭人非议；三是待人宽厚仁义以赢得众人敬仰；四是说话讲信用以赢得好的口碑；五是为政勤勉善治以达政通人和；六是做事发挥自己的长处量力而行；七是做事要审时度势顺应天时。这样为人处世就是"夫唯不争"，只要能够做到不与人争，顺势应时，就能够保证不出过错，"故无尤"。

这里，老子借用水的特质，从态度、做人、待人、说话、为政、处事、做事等方面，给出人们为人处世的正确答案！让人不由惊呼，真的是"上善若水"！做人若可做到水的七大品质，几乎完人！

# 第九章

# 细品功成身退天之道

持而盈之，不如其已。揣而锐之，不可长保。金玉满堂，莫之能守。富贵而骄，自遗其咎。功遂身退，天之道也。

老子用其睿智的双眼和心智认真地观察和总结他所看到听到的一切！总结出"功成身退，天之道"，并且列举出四个人生状态：一是当拥有超过所需，即"持而盈之"；二是巧取豪夺所得，即"揣而锐之"；三是大财堆积不用，即"金玉满堂"；四是为富不仁，即"富贵而骄"。并给出四个人生状态必定得到的结论分别是停止索取即"不如其已"、不能持久即"不可长保"、必不能守即"莫之能守"和自食恶果即"自遗其咎"。以上这四样人生和四种结果，必定藏有血的教训！一定是老子纵观历史和现实，在血淋淋的实例中总结得出，用以警醒后人的！

在本章最后老子得出"功成身退，天之道"的结论，我的理解是，人的精力总归是有限的，当自己意识到已经达到殚精竭虑、呕心沥血的状态，或者已经拥有了理想的成就的时候，就应该考虑有所节制理性对待自己的作为，这是顺应客观规律，避免物极必反、盛极而衰的方法。

# 第十章

# 修身、修心、修识、修为、治世、智愚的至高境界

载营魄抱一，能无离乎？专气致柔，能如婴儿乎？涤除玄鉴，能无疵乎？爱民治国，能无为乎？天门开阖，能为雌乎？明白四达，能无知乎？生之畜之，生而不有，为而不恃，长而不宰，是谓玄德。

老子在本章一开篇用了六个反问句，对与每一个人息息相关的六件事，即修身、修心、修识、修为、治世、智愚应该达到的境界，给出了肯定的答案：一、修身应该达到身体和灵魂的统一；二、修心应达到像婴儿那样无欲宁静；三、修识应达到无所不知；四、修为应达到治国爱民、宽仁施政、顺势而为；五、定国安邦应做到和平治世；六、

思想境界应达到大智若愚！即"载营魄抱一，能无离乎？专气致柔，能如婴儿乎？涤除玄鉴，能无疵乎？爱民治国，能无为乎？天门开阖，能为雌乎？明白四达，能无知乎？"接着又用"天地之德"来佐证以上六点的正确性，即"生之畜之，生而不有，为而不恃，长而不宰，是谓玄德"，生万物而不据为己有，养万物而不居功，滋养万物成长而不主宰他们，"天地"的这些品质正是以上六点谈到的人们应该具备境界的佐证！

# 第十一章

# 合适的空间有利于价值的发挥

　　三十辐共一毂，当其无，有车之用。埏埴以为器，当其无，有器之用。凿户牖以为室，当其无，有室之用。故有之以为利，无之以为用。

　　在本章，老子列举了三个很直观容易理解的例子，来说明"有"的使用价值是依存于"无"的，阐述了合适的空间有利于价值的发挥的道理。老子说："三十辐共一毂，当其无，有车之用。埏埴以为器，当其无，有器之用。凿户牖以为室，当其无，有室之用。"即对于车轮来说，三十根辐条与轴套连接，因为有轴的空间可以供车轴转动，所以车子才会正常行驶。用黏土制作器皿，是因为器皿中间留有恰当有效的空间可供盛放东西之用，这些器皿才可以用来当作容器发挥其作用。在墙上开出大小合适的门窗，因为门窗的空间可供人出入、通风换气，屋顶、墙和门窗围成恰当空间，所以才可以称之为屋子供人们使用。从而，老子得出结论："故有之以为利，无之以为用。"我认为，老子想要告诉我们的是，以上这些例子足以说明一个道理，人们制造车轮、器皿、房子等必要之物，而这些东西无不是因为留有适当的空间才能够发挥使用价值。由此可见，人们在追求自己需要的东西时，一定要认识到留有空间才会产生使用价值。

# 第十二章
## 老子警告不可走极端

五色令人目盲，五音令人耳聋，五味令人口爽，驰骋畋猎令人心发狂，难得之货令人行妨。是以圣人为腹不为目，故去彼取此。

老子在本章开篇首先列举了五个极端行为并同时告知必定导致的可怕后果来警示人们："五色令人目盲，五音令人耳聋，五味令人口爽，驰骋畋猎令人心发狂，难得之货令人行妨。"是说：一个人如果贪恋五颜六色的色彩，会让眼睛产生疲劳，从而导致眼睛失去洞察力；一个人如果整日沉迷各种各样声音的刺激，就会导致听力出现问题；一个人如果过分贪图享受各式各样的美食，就会导致味觉失灵；如果一个人过度迷恋于狩猎掠夺，就会让他内心发狂难以自拔；如果一个人过分看重金银财宝，就一定会丧失理智、失去分寸，从而铸成大错。接着，把智者的做法作为结论，以期待人们会学习智者行事，为人千万不可走极端，"是以圣人为腹不为目，故去彼取此。"即高明的人会懂得取之有度的道理，而决不允许物欲无度蔓延，从而杜绝玩物丧志的情况出现。

# 第十三章

# 爱他人、看长远是安身良方

宠辱若惊，贵大患若身。何谓宠辱若惊？宠为上，辱为下。得之若惊，失之若惊，是谓宠辱若惊。何谓贵大患若身？吾所以有大患者，为吾有身，及吾无身，吾有何患！故贵以身为天下，若可寄天下；爱以身为天下，若可托天下。

本章，老子直指每一个人安身立命的痼疾——患得患失！老子分四步拨开令人揪心的患得患失的面纱！

第一步，老子直接给出了人容易患得患失的深层次原因，即"宠辱若惊，贵大患若身"。直截了当地指出，赞美、奖赏、成就和批评、处罚、失败等之所以会影响到人们的情绪、心情，导致人们面对这些总是患得患失，是因为人们过分关注看重自身的利益和自己的感受。

第二步，明确告诉我们什么是患得患失，即："何谓宠辱若惊？宠为上，辱为下，得之若惊，失之若惊，是谓宠辱若惊。"老子说：什么是患得患失呢？人们往往认为得到赞美、奖赏、成就等是事关自身利益的好事，而得到批评、处罚、失败等则是会损害自身利益的坏事，所以，面对得失，得也惶恐，失也惶恐。

第三步，老子更进一步剖析了人们看重自身利益的原因，即："何谓贵大患若身？吾所以有大患者，为吾有身，及吾无身，吾有何患！"人们为什么会过分看重自身的利益呢？是因为普通人往往会关心自己多于关心他人，关心眼前往往多于关心长远，如果人们能够心中有大爱甚至达到忘我的境界，怎么还会患得患失呢？

第四步，老子得出如何做到远离患得患失的方法，即："故贵以身为天下，若可寄天下；爱以身为天下，若可托天下。"方法就是，如果一个人能够志存高远、有梦想、有目标，把自身的目标与整个社会发展的目标统一起来，就可以委以重任；如果一个人有爱心可以做到以天下为己任，把对自己的爱与对人民的爱融在一起，就可以成就大事，这样的人就不会患得患失。

我在想，患得患失就像一个幽灵，无时无刻不在侵蚀着几乎每一个人的生活！我虽已近知天命之年，仍然时常为其困扰！其中痛苦无可名状！通过《道德经》本章的学

习，明白了过分关注个人利益和眼前利益是患得患失的两
把利剑！也可以称之为人性的两个弱点！我们只有不断克
服这两个弱点，不为其左右，才会赢得豁达安逸的人生！
祝我们此时此刻懂得了这些！请谨记：爱他人、看长远是
安身良方！

# 第十四章
# 认识真理相信真理

　　视之不见名曰夷，听之不闻名曰希，搏之不得名曰微。此三者不可致诘，故混而为一。其上不皦，其下不昧。绳绳兮不可名，复归于无物，是谓无状之状，无物之象。是谓惚恍。迎之不见其首，随之不见其后。执古之道，以御今之有，能知古始，是谓道纪。

　　老子在本章开篇从五个方面试图用人们能够看得到感知到的东西来阐述真理的特征，以让人们更直观地认识到真理的存在，即："视之不见名曰夷，听之不闻名曰希，搏之不得名曰微。此三者不可致诘，故混而为一。其上不皦，其下不昧。绳绳兮不可名，复归于无物，是谓无状之状，无物之象。是谓惚恍。迎之不见其首，随之不见其后。"人们用眼睛看却看不到的东西，我们把它的特征称为无色，人们用耳朵听却听不到的东西，我们把它的特征称为无声，人们用手摸却摸不到的东西，我们把它的特征称为无形。具备无色、无声、无形这三个特征的东西，研究起来很有难度，而真理就具备这三个特征。若用上下来描述，好像真理没有上面光明、下面阴暗之说。若用起始来描述，好像真理是无始无终，真是不好表达。所以说，真理是无法用形状来描述，也没有一个恰当的东西来比喻形容，让人感觉实在不好描述，而且它真的无始无终，绵绵不绝。最后，老子找到了实践验证这个方式，终于向世人讲清楚了真理的存在，即："执古之道，以御今之有，能知古始，是谓道纪。"人们按照前人总结的真理来对待今天的事情，就一定得到可以预期的结果。人们通过不断地运用已经验证的真理，就可以知道万事万物的运行规律，这就足以说明真理的存在和作用。

# 第十五章
# 老子开民智安天下

　　古之善为道者，微妙玄通，深不可识。夫唯不可识，故强为之容。豫焉若冬涉川，犹兮若畏四邻，俨兮其若客，涣兮其若凌释，敦兮其若朴，旷兮其若谷，混兮其若浊。孰能浊以静之徐清？孰能安以动之徐生？保此道者不欲盈，夫唯不盈，故能蔽而新成。

　　本章，老子分三部分讲了如何成为一名智者，及智者的使命担当，足见老子开民智安天下的决心！

　　开篇先讲了智者给人以深不可测的印象，意在启发人们学做智者，即："古之善为道者，微妙玄通，深不可识。"古往今来的那些智者，观察总结他们的特质，让人们感觉其既心思缜密，可洞察入微，又深谙事理，博古通今，真是深不可测。

接着，老子细致形象地为我们剖析了自古至今那些智者为人处世的七个特质，意在告诉世人如何学做智者。老子说："夫唯不可识，故强为之容。豫兮若冬涉川，犹兮若畏四邻，俨兮其若容，涣兮若冰之将释，敦兮其若朴，旷兮其若谷，混兮其若浊。"老子谦虚地说正因为其深不可测，所以对这些智者的特质很难表达，就用几个不太恰当的比喻形容一下：一是谨慎，就像传说中的豫兽要踏冰行走一样，一定要等到冰面冻得非常结实，确定能够承载豫兽的体重才通过；二是警惕性高，就像传说中的犹兽一样，当它夜晚在村庄穿行的时候，一定是轻手轻脚，小心翼翼，不让人们发现；三是严肃庄重，在与人交往时，总是像面对尊贵的客人一样；四是平和安静，智者为人做事从不急躁，总是能够像冰到了春天随着天气的逐渐变暖慢慢融化那样，让事情在悄无声息之中达到质变；五是敦厚淳朴，智者总是给人以一种天然去雕饰的朴实无华的感觉；六是豁达，智者都是胸怀豁达之人，都是虚怀若谷之人，具备谦虚、包容等优秀品质；七是融入，智者总是能够适应环境融入环境，就像浑水一样，水土相融，分不清哪是水哪是土，时时处处都能和周围的人和环境融到一起。

本章的第三部分，老子讲到智者对于社会的巨大作用，是在讲智者的使命担当。"孰能浊以静之徐清？孰能安以久动之徐生？保此道者不欲盈，夫唯不盈，故能蔽而新成。"
老子是在说智者既可以让混乱的局面逐渐安静下来，就像
浑水静静地逐渐澄清一样，又可以让看似一潭死水的状态，
渐渐地变得生机勃勃。能够做到以上两点的人，往往都是
那些永不满足的人，正是智者的永不满足，才让智者成为
推动社会不断进步的力量！

# 第十六章

# 以科学的态度探究真理、
# 走持续发展之路

致虚极，守静笃，万物并作，吾以观复。夫物芸芸，各归其根。归根曰静，静曰复命。复命曰常，知常曰明，不知常，妄作凶。知常容，容乃公，公乃全，全乃天，天乃道，道乃久，没身不殆。

本章开篇，老子讲了人类研究真理应该秉持的正确态度和方法，即："致虚极，守静笃，万物并作，吾以观复。夫物芸芸，各归其根。归根曰静，是谓复命。"是在说：人类对于真理的探索，应该采取极度虚心的态度，秉承规律专心对待。对于生生不息的万事万物，我们应该认真观察它们的运行规律。通过对万事万物运行规律的观察研究，就一定可以找到万事万物发生发展灭亡的根源，也就是真理所在。人类只要找到了真理，对于如何对待万事万物就做到了心中有数，从而就可以选择正确的方法和态度了。

接着，老子指出，人类追求真理的一个重要意义就是寻求人类的可持续发展之路！"复命曰常，知常曰明，不知常，妄作凶。知常容，容乃公，公乃王，王乃天，天乃道，道乃久，没身不殆。"能够正确对待万事万物，人类才能做到可持续发展，人类只有找到可持续发展的方法和途径，才叫作走上了正确的发展道路。人类如果不能找到可持续发展的方法和途径而是凭意志随意而为，则一定会陷入发展的困境。人类只有找到一条可持续发展的道路，才能制定一个全面的发展规划，有了这个规划人类就可以按照正确的步骤去发展，这样就一定是遵循了真理，人类的发展就一定会生生不息繁荣昌盛。

# 第十七章

# 正确认识老子的"无为而治"

太上，不知有之。其次，亲而誉之。其次，畏之。其次，侮之。信不足焉，有不信焉。悠兮其贵言。功成事遂，百姓皆谓我自然。

老子在本章意在阐明"无为而治"。首先由高到低讲了四个层级的管理（治理）方法。"太上，不知有之。其次，亲而誉之。其次，畏之。其次，侮之。"即管理的最高境界，就是管理者能够清楚事物的发展规律，明白事物发展的情况，从而顺应事物的发展采取导向型管理方法，能够实现管理的目标和被管理者的思想和工作高度一致，被管理者不需总是关注管理者的想法和态度。管理的第二重境界，就是管理者主要采取激励的措施，根据工作实际制定有效的激励政策，让人们能够按照自己贡献大小取得相应的报酬，被管理者会不断受到管理者的关注和激励，管理者也会赢得人们的认可和赞誉。管理的第三重境界，就是管理者主要采用处罚的措施，根据工作目标，制定出达不到一定的目标就会给予一定的处罚的方式进行管理，让人们因为害怕受到处罚而工作。管理的第四重境界，就是管理者没有清晰的管理思路，制度纷杂，工作处于混乱状态，这样人们会无所适从，结果必定非常糟糕，只能换来人们对管理者的怨声载道。

接着，老子把最差一级管理的后果明确指出来，即："信不足焉，有不信焉。"当出现制度纷杂的情况时，管理者就会经常出现"说了不算、算了不说"的情况，这样管理者的威信就会受到影响。

最后，老子把"无为而治"的精髓要义展示给了我们，这应该也是老子历数四个层级的管理（治理）方法后，意在让世人甄别领会其"无为而治"的精要。老子说："悠兮其贵言。功成事遂，百姓皆谓我自然。"管理者如果能够给人们足够的空间，能够发挥人们的主观能动性，而不是过分指挥，那么，当工作完成了，取得成绩了，让被管理者全然认为工作的成就是自己意志的实现，人们都会有成就感。

# 第十八章

# "妄为"的危害

大道废，有仁义；慧智出，有大伪；六亲不和，有孝慈；国家昏乱，有忠臣。

在本章，老子用睿智的眼光和思想观察总结社会治理四个级别的问题出现的原因及有效的补救措施，从"妄为"的危害来说明无为而治的正确性！

一、"大道废，有仁义"：当统治者不遵循事物的客观运行规律来管理时，管理就会开始出现问题，这种情况下只能靠一些约定俗成的规则和良知来约束人们；

二、"慧智出，有大伪"：当管理者不能求真务实、关注事物的本质，只是靠智巧、采用治标不治本的一些形式主义的管理方式时，人们就会不再脚踏实地地工作，只是投机取巧，进而会出现诚信危机；

三、"六亲不和，有孝慈"：当社会风气危及家庭，甚至出现六亲不和的现象时，就只能依靠家庭成员间的亲情来维系关系；

四、"国家昏乱，有忠臣"：当社会治理达到政局混乱、礼崩乐坏的阶段时，就只能期待"忠臣良将"来"力挽狂澜"了（这个阶段就很危险了）。

以上四个问题"大道废""慧智出""六亲不和""国家昏乱"都是妄为，而后面紧接着的危害，都是妄为的后果！由此可见，无为而治是正确的！

# 第十九章

# 无为而治的治世良方

　　绝圣弃智，民利百倍；绝仁弃义，民复孝慈；绝巧弃利，盗贼无有。此三者，以为文不足，故令有所属，见素抱朴，少私寡欲，绝学无忧。

　　在本章，老子继前面对无为而治的论述以后，正式开出无为而治的六个治世良方。

　　首先，指出当社会治理出现极度混乱的局面时，要想实现从大乱到大治的治理，那么，应该采用以下三个方略：一是"绝圣弃智，民利百倍"。统治者要杜绝一切好大喜功的作为，完全做到"以民为本"，这样，人民就能够得以休养生息，这是整个社会实现大治的根本。二是"绝仁弃义，民复孝慈"。统治者不再倡导一些空洞的仁义道德，而是着眼于人民本身"获得感"的努力，这样，人民才会实现以孝慈为象征的"民治"的恢复。三是"绝巧弃利，盗贼无有"。统治者不再推崇一些不务实的形式主义的东西，不再一味用"利益引导"来推动社会发展，人民就会脚踏实地地工作，而不是整日想着巧取豪夺、不劳而获。

接着，老子说"此三者，以为文不足，故令有所属"，即把以上三点作为从大乱到大治的方法还不够，要想真正的凝聚民心，还要做到以下三点：一是"见素抱朴"。对组织的治理要找到问题的根源，摸清其运行规律，坚持实事求是，想法采取最直接有效的方法。二是"少私寡欲"。大力提倡集体主义，以身作则并号召人们为了整个组织的发展而努力，要树立大局观，提倡个人利益服从集体利益。三是"绝学无忧"。大力提倡学习，要求人人都要从学习实践中寻找治世之道，而不是整天做无谓的担忧，此所谓"空谈误国，实干兴邦"。

# 第二十章
## 老子为积极人生态度定义

　　唯之与阿，相去几何？善之与恶，相去若何？人之所畏，不可不畏。荒兮其未央哉！众人熙熙，如享太牢，如春登台。我独泊兮其未兆，沌沌兮，如婴儿之未孩。儽儽兮，若无所归。众人皆有余，而我独若遗。我愚人之心也哉！俗人昭昭，我独昏昏；俗人察察，我独闷闷。澹兮其若海，飂兮若无止。众人皆有以，而我独顽似鄙。我独异于人，而贵食母。

　　读本章，我感受到的是老子在告诉世人应该遵守的做人准则。这里面有老子对积极的人生态度的定义。开篇第一段，用两个看似极端的道理来教导世人做人首先是要懂得关注重点、坚守原则。老子说："唯之与阿，相去几何？

善之与恶，相去若何？人之所畏，不可不畏。荒兮其未央哉！"即，与人打招呼是用"唯"还是"阿"，这不是很重要，可是却有人在吹毛求疵，做些无用功；对于区分事物是"善"还是"恶"，这种非常容易区分且明显是两个对立的东西，却也会有人善恶不分、是非不明。人应该守住底线和良知！判断是非善恶等这些人们应该坚守的最基本的东西，好像已经迷失到漫无边际的人类发展的长河中了！

接着，老子用对比的方式精炼地解读了两个最重要的为人原则——淡泊明志、宁静致远。老子说："众人熙熙，如享太牢，如春登台。我独泊兮其未兆，沌沌兮，如婴儿之未孩。儽儽兮，若无所归。"很多人整日陷入对吃喝玩乐华而不实的物质生活的追求，而我默默地修炼淡泊的内心，让我的内心修炼达到最质朴的状态，达到最空灵的境界，这样，我才能够心似明镜、思接千里，淡泊明志、宁静致远！

然后，老子以自己的修身所得告诉世人应该秉持大智若愚姿态，时刻保持虚心待教的心境，永远保有探索真理的热情。老子说："众人皆有余，而我独若遗，我愚人之心也哉！俗人昭昭，我独昏昏；俗人察察，我独闷闷。澹兮其若海，飂兮若无止。众人皆有以，而我独顽似鄙。"老子是在说：人们往往满足于物质功利的拥有，而我却总是似有所失，难道说这能证明我这个人就特别愚钝吗！人们往往容易自以为是，而我却一直保持着求知的心态，人们往往自作聪明，而我一直保持着质朴的态度。这样，我就能够向纵深处永无止境地探索这个世界。人们往往容易满足于现状，而我却总是认为自己知道的太少。

最后，老子肯定地指出"我独异于人，而贵食母"，是在说，我对待事物的态度总是不同于大多数人，这是因为我掌握了真理的缘故。

# 第二十一章
# 老子为真理画像

　　孔德之容，惟道是从。道之为物，惟恍惟惚。惚兮恍兮，其中有象；恍兮惚兮，其中有物。窈兮冥兮，其中有精；其精甚真，其中有信。自今及古，其名不去，以阅众甫。吾何以知众甫之状哉？以此。

　　在本章，我看到的是，一个 2500 年前的智者，正在倾尽才智为真理画像！老子开篇先阐述了真理指导实践的巨大作用，即"孔德之容，惟道是从"。老子是在讲：如何知道什么样的行为是正确的呢？只需要验证一下，你的行为是否遵循了真理就行！严格遵循真理的行为就一定是正确的。接下来，老子开始为如此重要的真理画像："道之为物，惟恍惟惚。惚兮恍兮，其中有象；恍兮惚兮，其中有物。窈兮冥兮，其中有精；其精甚真，其中有信。"老子一边思考一边尽力说，对于真理的描述，似乎不能表达清楚。在对真理的应用中，似乎能够用形象来描述，但是，却不能确定具体的样子，似乎这里面有真实的物质存在，却怎么也触摸不到搞不清到底是什么物质。真理似乎隐藏得很深远，但是真理肯定是凝聚了精髓之物，这真理的精髓在无数次的验证中表现出其真切的存在，所以人们认定真理是真实存在可信的。最后，老子怀着对真理的无限敬仰结束本章，老子说："自古及今，其名不去，以阅众甫。吾何以知众甫之状哉？以此。"老子指出，自古至今，只要是真理就一定可以流传下来，运用它可以洞察万事万物的运行规律，我们之所以可以知道万事万物是如何发生发展的，就是因为我们掌握了真理。

# 第二十二章

# 老子做人生赢家有方法有把握

　　曲则全，枉则直，洼则盈，敝则新，少则得，多则惑。是以圣人抱一为天下式。不自见，故明；不自是，故彰；不自伐，故有功；不自矜，故长。夫唯不争，故天下莫能与之争。古之所谓曲则全者，岂虚言哉？诚全而归之。

　　在本章，我看到了，老子作为一个春秋时期的贴有哲学家、教育家、思想家等标签的中央大员，一个成功人士的底气！面对如何做人、如何做事、如何获得非凡的成就这些人生重大命题，老子都逐一给出了肯定的答案！老子开篇列举了可以成就楷模人生的六个金科玉律，即："曲则全，枉则直，洼则盈，敝则新，少则得，多则惑。是以圣人抱一为天下式。"老子是在说：总结智者为人处世的经验可以发现，面对问题，善于"曲线救国"，避免出现"直接对立冲突"，才能找到双赢的方案；要想得到满意的效果，就要善于蓄势，只有积蓄足够的力量，才能实现一飞冲天；要想得到更多的资源，就要让自己处在低处，这样才能更多地获得；当一件事情糟糕到极点，就会出现破旧立新的局面；一个人只要被认为拥有的资源少，就会获得得心安理得；如果贪得无厌，拥有过多的资源，人就会为物所累，做人就一定会变得迷茫不超脱。所以，那些智者明白上面这些为人处世的道理，坚守正确的思想和作为，就会成就自己的楷模人生。

接着，老子向世人展示了无为即无所不为、不争即莫能与之争，这一让世人难以捉摸的哲人成事秘诀，即："不自见，故明；不自是，故彰；不自伐，故有功；不自矜，故长。夫唯不争，故天下莫能与之争。"老子是在倾心教导世人，智者因为不会固执己见，所以能够做到开明做到善纳谏言；智者因为不会自以为是，所以他们会襟怀坦荡光明正大；智者从不自我标榜，所以人们往往能够把功劳记到他的身上；智者从来不会居功自傲自高自大，所以往往会受到人们的爱戴。所以说，智者为人处世的原则是不与人争名夺利，而最终的结果是天下没有人能与他相争。

最后，老子代表古圣贤发出感慨，"古之所谓曲则全者，岂虚言哉！诚全而归之。"老子是在讲，所以说，古人所说的委曲求全不是一句空话呀！以上这些智者为人处世的哲学确实可以成就一个人呀！

# 第二十三章
## 谨记顺其自然

希言自然。故飘风不终朝，骤雨不终日。孰为此者？天地。天地尚不能久，而况人乎？故从事于道者同于道，德者同于德，失者同于失。同于道者，道亦乐得之；同于德者，德亦乐得之；同于失者，失亦乐得之。信不足焉，有不信焉。

在本章，老子以狂风骤雨这些自然现象，来试着向世人阐释顺其自然的道理。老子开篇就讲"希言自然"，是在说既然我们认识到真理的重要性，我们就应该尊重真理，不要把人的主观意志强加于自然，学会尊重自然。接着老子解说他从自然现象中领悟的道理："故飘风不终朝，骤雨不终日。孰为此者？天地。天地尚不能久，而况于人乎？"老子认为，我们观察大自然的现象发现，真正的龙卷风和大暴雨都不会持续很长时间，而它们都是大自然造成的。这力量无穷的大自然尚且如此不能长时间地持续发力，更何况我们人类呢？由此，老子悟到的是顺其自然、各得其所的道理！即："故从事于道者同于道，德者同于德，失者同于失。同于道者，道亦乐得之；同于德者，德亦乐得之；同于失者，失亦乐得之。"老子是在说，那些致力于真理探索的人就是真理的化身，那些实践真理的人就是时代的楷模，而那些没有得到教化的人，则他们本身和自己的意识一样的质朴。那些掌握真理的人，乐于为真理的推广而献身，那些时代的楷模则津津乐道于真理的实践，而那些质朴的人们则也会为自己的朴实而自得其乐，每个人都能够各尽所能、量力而行、有得有失、各得其所。

最后一句，我认为是老子对世人的警醒和忠告，老子说："信不足焉，有不信焉。"老子是在忠告世人，如果人们对以上这些观点不能充分信守，过分强调主观意志，必定会出现自己力所不及的情况，从而让自己遭受打击、丧失信心。

# 第二十四章

# 老子明示不可为之举

企者不立；跨者不行；自见者，不明；自是者，不彰；自伐者，无功；自矜者，不长。其在道也，曰：余食赘行。物或恶之，故有道者不处。

在本章，老子明确指出了哪些行为是不对的，意在指导世人避免因行为不当而导致自己身陷困境。老子说"企者不立，跨者不行，自见者不明，自是者不彰，自伐者无功，自矜者不长"，即认为有的人一心想站得高，就踮起脚尖来站着，反而都站不稳，有的人一心想跑得快就把步子迈得很大，反而根本没法走，那些自命不凡的人反而不会真正明白事理，那些自以为是的人反而得不到众人的认可，那些整日标榜自己成绩的人反而得不到功劳，那些自高自大的人反而不会获得尊贵的位子。

最后，老子明示是非，说"其在道也，曰余食赘行。物或恶之，故有道者不处"，即以上所说的这些行为，相对于真理来说，都是多余有害的东西，人们往往都厌恶这些，所以说，那些真正的智者是不会这样做的。

# 第二十五章
# 老子追寻真理源头

有物混成，先天地生。寂兮寥兮，独立不改，周行而不殆，可以为天地母。吾不知其名，强字之曰道，强为之名曰大。大曰逝，逝曰远，远曰反。故道大，天大，地大，人亦大。域中有四大，而人居其一焉。人法地，地法天，天法道，道法自然。

老子在本章认真描述了他发现的"道"即真理的属性和源头。开篇指出道即真理的存在："有物混成，先天地生。"即，有一个东西，在天地形成之前就已经存在了，它是万事万物运行规律的集合。

接着，老子用心描述他所认识到的真理的属性。"寂兮寥兮，独立不改，周行而不殆"三段话叙述了真理的六个属性，即它寂静无声、空旷无际，具有"静"和"虚"的属性；它独立存在、始终如一，具有"独立"和"永恒"的属性；它周而复始循环往复、从不停止，具有"规律"和"不灭"的属性。

接着，老子指出，正是因为真理具备以上六个属性，所以可以把它看作是宇宙万事万物运行的根源，即"可以为天下母"。

接着，老子为真理命名："吾不知其名，强字之曰道，强为之名曰大。"我们不能知道它叫什么名字，就给它取个名字，叫做"道"吧（这个"道"就是指万事万物蕴藏的真理的集合），我们无法形容它的内涵，就用"大"来形容吧。

接着，老子认真讲解为什么命名为"道""大"："大曰逝，逝曰远，远曰反。故道大，天大，地大，人亦大。域中有四大，而人居其一焉。"即，之所以用"大"来形容它，是因为它的内涵如果可以用眼睛看的话，可以说是它远在天边，它又好像近在眼前。而具备以上所说的"大"的内涵的有道、天、地、人，所以说，宇宙间有四样可以用"大"来形容的东西，人也是其中之一。

最后，老子论述了人与自然的内在联系："人法地，地法天，天法道，道法自然。"老子总结道，人生长在地球上，人类的生存发展应遵循的真理来自于人类对地球上的各种客观规律（即真理）的认知（人法地），地球运行则是顺应宇宙间天体运行的规律（地法天），而宇宙万事万物的运行则都是由蕴含其中的客观规律决定的（天法道），而这些客观规律，也就是真理的集合，本身就蕴藏在宇宙自然万物之中。可以换句话表达，宇宙万事万物遵循真理而运行，宇宙万事万物同时又是真理的载体（道法自然）。

至此，老子为这真理找到了源头！

# 第二十六章

# 稳重沉静是成功者的特质

重为轻根，静为躁君。是以圣人终日行不离辎重。虽有荣观，燕处超然。奈何万乘之主，而以身轻天下？轻则失根，躁则失君。

本章，老子围绕稳重和沉静这两个成功者的特质进行了论述，开篇直接道出了这两个特质的作用——"重为轻根，静为躁君。"即，稳重是克服轻浮的法宝，沉静是主宰浮躁的武器。

老子举例说道："是以圣人终日行不离辎重。虽有荣观，燕处超然。"所以，那些智者如果要远行，一定会备好旅行中所需的吃的、用的等所有必需品，按部就班地周密计划、做好准备。而那些有成就的人，虽然荣华在身享受着富足的生活，却依然保持着淡定沉静的心境。

　　接着，老子得出结论："奈何万乘之主，而以身轻天下？轻则失根，躁则失君。"那么，那些肩负重大历史使命的人，怎么能够用轻率的态度对待所做的事业呢？要牢牢记住，一个人处事轻浮轻率而不稳重，就会动摇他做人做事的根基，一个人如果心浮气躁而不沉静，就会难以守静而丧失理智。

　　老子以上言简意赅的论述，让我深深领悟了稳重和沉静两个特质对于一个立志成事之人的重要性。

# 第二十七章

## 总结借鉴是智者善事为师的法宝

善行无辙迹，善言无瑕谪，善数不用筹策，善闭无关楗而不可开，善结无绳约而不可解。是以圣人常善救人，故无弃人；常善救物，故无弃物，是谓袭明。故善人者，不善人之师；不善人者，善人之资。不贵其师，不爱其资，虽智大迷，是谓要妙。

本章，老子围绕智者善做事、善为师以及善于总结借鉴的特质，进行了详尽的论述！

首先，老子开篇言智者善于做事能够达到的境界："善行无辙迹，善言无瑕谪，善数不用筹策，善闭无关楗而不可开，善结无绳约而不可解。"老子是在说，善于做事情的人，做事定会安排周密不会留下任何痕迹，善于讲话的人，定会以精准的语言表达意见而不会有一点漏洞，善于计算的人，根本不需计算工具就可以得到准确的运算结果，善于做关闭机关的人，令你根本看不到开关的存在而无法打开机关，善于打结的人，令你看不出绳结在什么地方而无法解开。

接着，老子讲了智者善为师的境界："是以圣人常善救人，故无弃人；常善救物，故无弃物，是谓袭明。"老子在说，智者总是能够因材施教，所以在智者那里总能人尽其才而无无用之人；智者总能物尽其用，在智者那里没有废弃的东西，这些就是明察秋毫的智慧，具备这些智慧的人可以称为智者。

最后，老子说出了智者善做事善为师的奥秘是学习总结和借鉴："故善人者，不善人之师。"即那些智者可以做普通人的老师。"不善人者，善人之资。"而普通人行为做事时暴露的问题，往往被智者所总结借鉴。"不贵其师，不爱其资，虽智大迷。"那些不重视向智者学习、不善于总结借鉴他人经验教训的人，即使智商很高，最终也只是一个糊涂虫而已。最后，"是谓要妙"，这就是学习、总结和借鉴的奥妙所在。

# 第二十八章

# 返璞归真成就修身治国

　　知其雄，守其雌，为天下谿。为天下谿，常德不离，复归于婴儿。知其白，守其黑，为天下式。为天下式，常德不忒，复归于无极。知其荣，守其辱，为天下谷。为天下谷，常德乃足，复归于朴。朴散则为器，圣人用之则为官长。故大制不割。

　　在本章，老子分四部分，分别列举了强者、顺者、荣者应该如何返璞归真成就楷模人生，从而得出以此真理治国方可"大制不割"的结论。

　　老子开篇道："知其雄，守其雌，为天下谿。为天下谿，常德不离，复归于婴儿。"老子讲：一个强者知道自己强大的同时，应该表现得很柔弱，把自己放在一个最不起眼的位置。一旦一个强大的人能够把自己放在最卑微的位置上，他就一定能够赢得最大的威信，不会招人非议，这样，他就像一个刚出生的婴儿一样，能够赢得每个人的"爱"。

接着，老子说："知其白，守其黑，为天下式。为天下式，常德不忒，复归于无极。"老子是在讲：一个得天时地利人和之人明白自己处在顺境的同时，应该做到居安思危、谨慎低调行事，能够这样做的人可以称为楷模。一个成为楷模的人，充满着正能量，会达到他人生的最饱满状态，拥有无限的可以爆发的能量！

第三部分，老子说："知其荣，守其辱，为天下谷。为天下谷，常德乃足，复归于朴。"即：一个高贵的人清楚自己拥有尊荣的同时，应该有意识地放低姿态，这样，他就可以处在最低处。一旦一个成功者能够做到虚怀若谷，就等于赢得了观察世界的最有利的视角，这样，他就一定会获得"真理"！

最后，老子自然地把以上所列举的强者、顺者、荣者的修身要领引申到治国！老子说："朴散则为器，圣人用之则为官长。故大制不割。"即：万事万物都会应真理而运行。智者就是运用这些真理来治理国家，正因为智者是在用真理治国，所以，就一定可以做到自然而然而不会有任何伤害。

# 第二十九章
# 尊他人重大局保持领导力

　　将欲取天下而为之，吾见其不得已。天下神器，不可为也，不可执也。为者败之，执者失之。夫物或行或随，或歔或吹，或强或羸，或载或隳。是以圣人去甚，去奢，去泰。

　　在本章，老子从他的一个结论开始，论证如何才能保持坚强的领导力！

　　老子开篇直抒己见："将欲取天下而为之，吾见其不得已。"老子是说：作为一个领导人，如果想将组织据为己有，把自己的意志凌驾于组织之上，这样做的人，从未见到会得到理想结果。

　　接着，老子又将以上结论做了更清晰的表达："天下神器，不可为也。为者败之，执者失之。"是说：天下神器，即指大到全人类、一个国家，小到一个社会组织、经济组织，甚至一个小组、家庭，领导人不能违背规律，不顾实际，把个人意志强加于其上，不能把组织当作个人财产据为己有。凡是违背规律、不顾实际而把个人意志强加于组织之上的，一定会失败；凡是把组织视为个人财产据为己有的，最终一定会失去组织。

第三段，老子从正面讲如何保持领导力："是以圣人无为，故无败；无执，故无失。"所以说一个智慧的领导人，不会把个人意志强加于组织，所以不会失败；他不会把组织据为己有，所以会拥有对组织的领导力。

在第四段，老子讲了人的个性化识别，作为尊重他人保持领导力的论据："故物或行或随，或歔或吹，或强或羸，或载或隳。"老子是在讲：因为天下万物各自有自己的特性和运行规律，组织里的每一个人也存在着个性、能力、状况等方面的差异：有的善于开拓，有的则善长辅助；有的行事缓慢，有的则节奏较快；有的坚强有力，有的则柔弱乏力；有的做事稳妥保守，有的则富有冒险精神。

最后，老子则道出自己想要告诉世人如何保持领导力的方法："是以圣人去甚，去奢，去泰。"老子的意思是：智者在治理组织时，则应该避免走极端，杜绝贪婪，坚持冷静虚心对待组织和每一个人、事、物，这样才能够做到协同发挥组织里所有人、事、物的智慧和力量，从而达到理想的目标。

# 第三十章

# 给人留余地　方可享永年

以道佐人主者，不以兵强天下，其事好还。师之所处，荆棘生焉。大军之后，必有凶年。善有果而已，不敢以取强。果而勿矜，果而勿伐，果而勿骄，果而不得已，果而勿强。物壮则老，是谓不道，不道早已。

在本章，老子分四部分讲了强国之道不可靠武力扩张，要懂得给弱势群体留有生存的余地，方可确保自己的繁荣昌盛。

第一部分，老子开宗明义："以道佐人主者，不以兵强天下，其事好还。"是在讲，懂得执政之道的领导者，不会靠武力来赢得天下。单纯靠武力赢得天下的领导者必定会遭到反抗。

接着，老子具体讲了战争的危害："师之所处，荆棘生焉。大军之后，必有凶年。"即军队所到之处荆棘丛生，大战之后，必定是灾荒之年。

第三部分，老子详细阐述了自己的战争观："善者果而已，不敢以取强。果而勿矜，果而勿伐，果而勿骄，果而不得已，果而勿强。"老子意味深长地教导执政者：善于执政之道的领导者，如果非战不可，只要达到目标就会止战，而不敢靠武力强取豪夺。得到了胜利不要炫耀，得到了胜利不要过分标榜自夸，得到了胜利不要不可一世，得到了胜利要表示出不得已而战，得到胜利不要因此而逞强好胜。

最后，老子告诫道："物壮则老，是谓不道，不道早已。"是在讲：一个国家、组织强盛到一定的程度往往会走向衰败，这是因为不懂得适可而止的道理，做事不能适可而止，就会过早衰亡。我想，老子是通过"物壮则老"这个古训，告诉世人要懂得给弱势群体留有生存的余地，方可确保自己的繁荣昌盛。给人留余地，方可享永年。

# 第三十一章
# 好战者终失民心

夫佳兵者，不祥之器。物或恶之，故有道者不处。君子居则贵左，用兵则贵右。兵者，不祥之器，非君子之器。不得已而用之，恬淡为上，胜而不美。而美之者，是乐杀人。夫乐杀人者，则不可以得志于天下矣。吉事尚左，凶事尚右。偏将军居左，上将军居右，言以丧礼处之。杀人之众，以悲哀泣之；战胜，以丧礼处之。

老子在本章讲了他对于武器和战争的态度，得出好战者终失民心的结论。

老子开篇首先讲了对高端武器的态度："夫佳兵者，不祥之器。物或恶之，故有道者不处。"越是精良高端的武器杀伤力越大，我视它为不祥之物，人们都会憎恶它，懂得治世之道的人不会使用它。

接着，老子以君子待人之礼来讲其对待战争的正确态度："君子居则贵左，用兵则贵右。兵者，不祥之器，非君子之器。不得已而用之，恬淡为上。"君子平日里以左边为尊贵的位置，打仗时则把右边视作尊贵的位置。战争是不祥的东西，非君子愿意使用的东西，君子只有在不得已的情况下才会用到它，即使不得已用到战争，也应该考虑到把伤害降到最低。

最后老子从对待胜利、对待战事、对待阵亡将士的态度，来阐述自己的战争观，并道出"好战者终失民心"的结论。

一是对待胜利的正确态度决定了人心向背："胜而不美，而美之者，是乐杀人。夫乐杀人者，则不可以得志于天下矣。"对待战争，正确的观点是，即使取得了胜利也不要炫耀，如果你炫耀战争的胜利，就说明你喜欢杀戮。一个喜欢杀戮的人，是不会得到天下人拥护的。

二是对待战事当如丧事："吉事尚左，凶事尚右。偏将军居左，上将军居右，言以丧礼处之。"平时，处理喜庆的事时，把左边视为上位，处理丧事时，把右边视为上位。而在领兵打仗时，让副将在左边，让主将在右边，这是把战争按照丧事的礼仪来处理呀。

三是胜利者对待阵亡将士的态度："杀人之众，以哀悲泣之；战胜，以丧礼处之。"在战争中，会有很多伤亡，要对死难的人进行追悼；即使战争胜利了，也要用丧事的礼仪来祭奠！

# 第三十二章

## 遵循真理顺其自然可得长远

道常无名，朴。虽小，天下莫能臣。侯王若能守之，万物将自宾。天地相合以降甘露，民莫之令而自均。始制有名，名亦既有，夫亦将知止。知止可以不殆。譬道之在天下，犹川谷之于江海。

本章可分为五段。老子以真理的无限性开篇，首先讲了真理自作用于万物的特质，接着讲了他对真理应用的两种认知：一是人们对于真理有了一定认识则遵循真理获得长远，二是即使对于不能完全认识的真理也可以"顺其自然"以得到真理的普惠！

老子开篇说："道常无名，朴。虽小，天下莫能臣也。"是在讲：人类对真理的认识总是有限的，总是还有很大的未知领域。真理的一个特质是质朴，虽说真理质朴不显眼，但是天下万物没有可以主宰它的（反而天地万物依照真理运行）。

基于对真理会自作用于事物的特质，老子接着指出治理的真谛："侯王若能守之，万物将自宾。"是在讲，领导人如果能够依照真理行事，人们就会自觉地拥护他。

接着以自然现象佐证："天地相合以降甘露，民莫之令而自均。"天地是遵循规律运行的，才会有甘霖降落，即使人们没有对天地做什么，每个人也都能够享受到甘露的滋润（这是真理会自然发挥作用，不会受人的意志干扰的特质）。

第四段，老子说："始制有名，名亦既有，夫亦将知止，知止可以不殆。"是说：万物兴起，各自都有了自己的名字，万物有了自己的名字以后，就意味着人们对它的运行规律有了一定的掌握，人们知道且遵循事物的运行规律就会长久发展。值得一提的是，在这一段，老子从"有名"到"知止"直至"不殆"，我认为，这是老子找到真理、应用真理、实现价值的三个步骤！"有名"即是找到了真理，明了了事物的特点规律；"知止"即是对真理的应用，即知道事物的极限边界，知道了什么可为、什么不可为；"不殆"就是长久，就是真理应用的价值。正是有此巨大价值的存在，才会让人类对真理孜孜以求！

最后，老子以百川入海这一自然现象，告诉世人，人类对待真理的态度应是顺其自然："譬道之在天下，犹川谷之于江海。"如果把真理之于万事万物的作用做一个比喻的话，就像百川都会自然流入大海一样，万事万物也是自然而然按照真理去运行。

# 第三十三章

## 从知人到不朽的八重境界

　　知人者智，自知者明。胜人者有力，自胜者强。知足者富，强行者有志，不失其所者久，死而不亡者寿。

　　本章，老子以知人作为一个人可以成就的起点，以不朽作为一个人可以成就的终点，讲了需要经历的八重境界。

　　第一重："知人者智。"即，一个能够了解洞悉他人的人是明智的。第二重："自知者明。"即，一个真正能够了解反观自己的人是高明的。第三重："胜人者有力。"即一个人能够战胜他人，说明他具有超越常人的力量。第四重："自胜者强。"即，一个能够战胜自己弱点的人才是真正的强者。

　　第五重："知足者富。"即，一个能够对自己的努力成果有正确认知的人，在精神上和对物质的享有上都是富足的。第六重："强行者有志。"即，一个能够坚持不懈为了自己的目标努力前行的人是有志向的。第七重："不失其所者久。"即，一个人选择并坚守适合自己的位置，才能够让自己的人生成就保持长久。第八重境界，也是一个人期望达到的最高境界："死而不亡者寿。"即，一个人能够做到肉体灭亡了而精神还能够万世流芳，这才是真正的长寿，这样的人就可以达到人生的最高境界——不朽。

# 第三十四章

# 低调不居功成就伟大人生

大道泛兮，其可左右。万物恃之而生而不辞，功成而不有，衣被万物而不为主，可名于小；万物归焉而不为主，可名为大。以其终不自为大，故能成其大。

本章，老子以真理的五个品格来启发世人，做人应该低调不居功，方可成就伟大人生。

真理品格一：大爱广泛。老子说："大道泛兮，其可左右。"老子的意思是说，真理广泛博大洋洋洒洒，可以对宇宙间的所有万事万物发挥作用。

真理品格二：不辞辛劳。老子说："万物恃之而生而不辞。"万事万物都是依靠遵循真理而存在运行，但是真理却始终默默地发挥着作用，自然而然，任劳任怨。

真理品格三：不居功。老子说："功成不名有。"万事万物有了成就，真理不会把功劳据为己有。

真理品格四：不恋权势。老子说："衣养万物而不为主。"真理按照其规律为万事万物的生长提供着给养并推进着万事万物的生长，但却不对任何事物主宰。

真理品格五：低调处事。"常无欲，可名于小。"真理本身无欲无求，可见其低调处下的姿态！

结论一：练就伟大品格。"万物归焉而不为主，可名为大。"即，万事万物都依附于真理，而真理却从不标榜自己的主宰地位，真理的这个品格，可以称为伟大的品格。

结论二：成就伟大人生。"以其终不自为大，故能成其大。"真理也因为它不自视高大而最终成就了它的伟大。

# 第三十五章

# 真理就是领导力

　　执大象，天下往；往而不害，安平泰。乐与饵，过客止。道之出口，淡乎其无味，视之不足见，听之不足闻，用之不足既。

　　在本章，老子给我们阐述了获得领导力的方法，就是践行真理，从而获得领导力。

　　老子说："执大象，天下往；往而不害，安平泰。"老子的意思是，一个领导人如果掌握了真理，人们就会追随他。只要领导人践行真理行事，对追随者就不会造成伤害，以至让追随者一起获得成长，组织就能够和谐发展。

　　接着，老子用声乐美食之效用类比真理之于领导力的作用之长久："乐与饵，过客止。"即，声乐美食这些东西在外在上很诱人，可以让人流连忘返。老子又说："道之出口，淡乎其无味，视之不足见，听之不足闻，用之不足既。"是说，真理说起来没有诱人的滋味，用眼睛看不到诱人的景象，用耳朵听不到悦耳的声音，而如果一个领导人可以做到践行真理，其魅力也会像声乐美食之于人们一样，自然而然获得众人前赴后继的爱戴，从而获得长久的领导力。

# 第三十六章

# 老子的"上兵伐谋"

　　将欲歙之，必固张之；将欲弱之，必固强之；将欲废之，必固举之；将欲取之，必固与之，是谓微明。柔弱胜刚强。鱼不可脱于渊，国之利器不可以示人。

　　在本章，老子从谋略角度，讲了如何赢得胜局。

　　一是如何运用反向思维，确保以弱胜强。老子说："将欲歙之，必固张之；将欲弱之，必固强之；将欲废之，必固兴之；将欲取之，必固与之，是谓微明。柔弱胜刚强。"老子是在讲，面对竞争对手，想要让他收缩战线，就一定先想法让他无度扩张，待其耗尽元气，他必定会收缩战线；想要削弱对方，一定要想法让他快速膨胀，按照物极必反的规律，当他膨胀到极限必定走向衰弱；想要废掉对方，一定要想法极力推崇他，让他头脑发热忘乎所以，从而自取灭亡；想要夺取对方的利益，一定要想法预先给予他一些东西，这样，就会麻痹对方，而后伺机悄无声息地夺得想要的东西。以上这些都是一些不为众人所了解的智慧，是确保柔弱最终会战胜刚强需要采用的方法。

二是用鱼水关系类比有利环境对制胜的重要性。老子说"鱼不可脱于渊"，是在讲：鱼儿离开水不能存活，而人应该坚守有利于自己的环境，才能够保全自己。

三是对于制胜法宝的警示。即："国之利器不可以示人。"是说：一个国家、一个组织，关系根本安全和最终制胜的法宝是绝对不能展示给他人的。从而警示世人，关乎国家组织决胜的法宝是绝密的。

# 第三十七章

# 真理就是执行力

　　道常无为而无不为，侯王若能守之，万物将自化。化而欲作，吾将镇之以无名之朴。镇之以无名之朴，夫亦不欲。不欲以静，天下将自正。

　　在本章，老子讲了如何让组织保持饱满的执行力。秘诀依然是遵循真理。

　　老子开篇讲了真理的强大作用，即"道常无为而无不为"。老子是在讲，真理就是万事万物的内在运行规律，真理之于万事万物不需要刻意做什么，但是万事万物无不是因为真理的作用而成长发展。

　　接着，老子的笔锋直指真理对于领导人提高组织执行力的重大功效，即"侯王若能守之，万物将自化"。老子是在讲，如果领导者明白并坚持按照事物的客观规律行事的话，万事万物将会按照自己内在的规律发展。

最后，老子讲了应用真理处理执行过程中出现的问题，功效依旧在。老子说"化而欲作，吾将镇之以无名之朴。无名之朴，夫亦将无欲。不欲以静，天下将自定。"老子是在讲，如果事物在自我发展中出现一些问题，我们可以探索运用事物之间的规律予以引导改进，运用事物之间的这些规律，可以让事物重新进入良性发展的轨道。只要事物之间相安无事，都能够得到和谐发展，整个组织就会进入一个有序的运行状态。

这里，老子讲的"无名之朴"即为真理，以之可修复"欲作"至"无欲"及至"天下自定"，从而达到和谐有序、高效运转的状态。这就是我所理解的真理就是执行力。

【下篇 德经】

实 践 篇

# 第三十八章

## 治理的真相是遵循真理

上德不德，是以有德；下德不失德，是以无德。上德无为而无以为，下德为之而有以为。上仁为之而无以为，上义为之而有以为，上礼为之而莫之应，则攘臂而扔之。故失道而后德，失德而后仁，失仁而后义，失义而后礼。夫礼者，忠信之薄而乱之首。前识者，道之华而愚之始。是以大丈夫处其厚，不居其薄；处其实，不居其华。故去彼取此。

在本章，老子把道、德、仁、义、礼作为治理的五个境界，掰开来揉碎了，为领导者揭示了有效治理的真相，就是无限趋近于遵循真理。

治理的第一重境界——真理之治。老子说"上德不德，是以有德"，是讲，拥有上乘德行的人，是那些掌握真理的人，他们都是遵循事物的客观规律行事，正因为他们遵循了事物的内在规律，所以他们行为做事总是自然而然，表面上不会有什么华丽的东西，也正是因其行事自然遵循规律，才证明了他们拥有上乘的德行。老子又说："上德无为而无以为。"具有上乘德行的人行事因其可以做到顺其自然，总是让人觉得是无心之为。在这里，老子讲的"上德"即为"道"，就是真理。

治理的第二重境界——德之治。老子说："下德不失德，是以无德。"是讲德行较差的人，不能真正掌握和运用真理，往往只是停留在事物的表面，行为做事常常纠结于形式上的合规，不能深入事物的本质，所以这种人往往不能按照事物的内在规律行事。老子又说："下德为之而有以为。"德行差的人因其不能真正运用真理，行事往往带有主观性，总是让人觉得是有心为之。

治理的第三重境界——仁爱之治。老子说："上仁为之而无以为。"是在讲，最正确的仁爱，是能够明白事物的内在规律，然后站在对方的角度去行事，总是能够表现得自然而然。

治理的第四重境界——义治。老子说："上义为之而有以为。"是说，最正确的义举，是本着有利于对方的意图去做事，是看上去没有私心的主观作为。

治理的第五重境界——礼治。老子说："上礼为之而莫之应，则攘臂而扔之。"是在讲，再好的礼制也是领导者站在自己的利益立场上制定的，都是有利于领导者的作为，很难得到人们的真心呼应，反而常常引起人们的反对，从而被人们摒弃！

接着，老子帮助我们把治理的五重境界，梳理出了顺序："故失道而后德，失德而后仁，失仁而后义，失义而后礼。"所以说，当领导人因主观原因背离了真理的时候，就制定一些行为规范来约束人们的行动，当行为规范不能得到遵守时，就倡导仁爱来引导人们，当人们连仁爱都做不到时，就只能倡议人们要有义举，多为他人着想，当人们连义举都不讲的时候，领导者只能按照自己的意志制定一些礼制来约束人们，从而力图达到自己的目的！

最后，老子道出治理的真相，再次论证治理的最高境界是遵循真理的真理之治。老子说："夫礼者，忠信之薄而乱之首也。前识者，道之华而愚之始。是以大丈夫处其厚，不处其薄；居其实，不居其华。故去彼取此。"老子是在讲，那些制定礼制的所谓的先知，只是知道一些浅层次的治标不治本的东西，搞一些形式主义，这才是因为无知而出问题的前奏！因此，真正有智慧的人，一定是坚守事物的本质，而不是只停留在事物的表面，他们实事求是、重视实践，脚踏实地地做事，而不会搞形式主义！所以，我们要坚守客观真理，摒弃虚伪主观的东西！

# 第三十九章
## 守真理集大成　违真理致祸端

　　昔之得一者，天得一以清，地得一以宁，神得一以灵，谷得一以盈，万物得一以生，侯王得一以为天下正。其致之也。天无以清，将恐裂；地无以宁，将恐废；神无以灵，将恐歇；谷无以盈，将恐竭；万物无以生，将恐灭；侯王无以正，将恐蹶。故贵以贱为本，高以下为基。是以侯王自称孤、寡、不谷。此非以贱为本邪？非乎？故至誉无誉。不欲琭琭如玉，珞珞如石。

　　在本章，老子历数因遵守真理而得到成就，和违背真理而招致祸端的典型例子，从而告诉世人坚守真理方得昌盛的道理。

　　老子首先列举了"昔之得一者"即自古以来坚守真理

的例子："天得一以清；地得一以宁；谷得一以盈；万物得一以生；侯王得一以为天下正。"是在说，天依照真理而运行所以清明，地顺应真理而发展所以宁静，人因为按照真理行事所以成为万物之灵，河谷顺应自然而容百川所以会充盈，万物遵循真理而生长所以昌盛兴旺，领导者因为坚守真理所以成为领袖！

所以，老子"其致之也"即由此来推论："天无以清，将恐裂；地无以宁，将恐废；神无以灵，将恐歇；谷无以盈，将恐竭；万物无以生，将恐灭；侯王无以正，将恐蹶。"老子是在说：天若不依照真理运行就不会清明，恐怕会崩塌；地若不顺应真理而发展就不会再有宁静，恐怕会崩裂；人若不按照真理修养就不再有灵气，恐怕会遭灭绝！河谷若不能顺应自然就不会引来百川，恐怕会枯竭；万物若不能遵循真理就不会生长，恐怕也会灭绝；领导者若不坚守真理就不会成为领袖，恐怕会导致组织灭亡！

接下来，老子讲了，只有坚守最质朴的真理，才是守住根本。老子说："故贵以贱为本，高以下为基。"老子是在说，看来高大上的事情都是由一件件微不足道的小事情作为根本，万丈高楼都是以坚实的地基做基础！老子接着以成功者的一贯做派加以解读，"是以侯王自谓孤、寡、不谷。此非以贱为本邪？非乎？"即，所以一些领导者把自己称为孤、寡、不谷，就是为了时刻提醒自己这些微不足道的东西才是自己的立业之本。难道不是吗?!

最后,老子给出了结论:"故致誉无誉。不欲琭琭如玉,珞珞如石。"老子是说,越是紧紧盯着至高无上的荣誉,越是往往却得不到荣誉。不要一心追求那些如美玉般华而不实的东西,要以磐石般的意志坚守最朴实的真理。

# 第四十章

# 只有"量变"的积累才可期待
# "质变"的跨越

反者，道之动；弱者，道之用。天下万物生于有，有生于无。

在本章，老子用细致的逻辑思维，把他总结的因为量变积累导致质变产生的道理，抽丝剥茧，娓娓道来。

老子说"反者，道之动"，是在讲，真理对于万事万物的作用的一个重要特点是"循环往复"，"返"是事物因真理即客观规律的作用在运动过程中所达到的一个"临界点"，在这个临界点上事物将以最大的动势发生质的变化。老子接着说"弱者，道之用"，是在讲，"弱"可以视为事物在客观规律的作用下发生的量变，在事物量变的过程中所体现的正是客观规律发挥的内在作用。

最后，老子给出了结论，即："天下万物生于有，有生于无。"是讲，万事万物的生长看起来大都是基于明显的质的变化，而这些明显的质的变化之前，发生的则都是细微的量变。

# 第四十一章
## 真理推广有方法

上士闻道，勤而行之；中士闻道，若存若亡；下士闻道，大笑之，不笑不足以为道。故建言有之：明道若昧，进道若退，夷道若纇。上德若谷，大白若辱，广德若不足。建德若偷，质真若渝。大方无隅，大器晚成，大音希声，大象无形。道隐无名，夫唯道，善贷且成。

在本章，老子从人们面对真理的不同态度入手，讲了正确推广真理的方式方法，以及对待真理的科学态度。

老子开篇首先讲了不同人群对待真理的典型态度。老子说"上士闻道，勤而行之；中士闻道，若存若亡；下士闻道，大笑之，不笑不足以为道。"老子是在讲，上等智慧的人知道真理后，会付诸行动，身体力行，反复实践；中等智慧的人知道真理后，经常会半信半疑（自然不会认真实践）；那些意识愚昧的人听到真理后，往往因不能切实理解而嘲笑真理和掌握真理的人，真理不被大多数愚昧的人嘲笑就不能称之为真理了！

接着，老子从不同角度讲了掌握真理之人具备的特征和行事风格。老子说："故建言有之：明道若昧，进道若退，夷道若纇。上德若谷，大白若辱，广德若不足。"老子是在讲，自古以来，关于真理已经达成如下共识：那些真正精明睿智的人看起来越是大智若愚，越是需要前进的时候越是先要后退蓄势，想要开辟平坦的大道就一定要面对并完成崎岖坎坷艰险的工程！真正掌握真理并按照真理行事的人能够做到虚怀若谷，越是具有纯净洁白人格的人因为不愿与世俗同流合污反而经常被俗人玷污，越是掌握了大量真理并按照真理行事的人越是能够感受到宇宙的浩瀚、真理的深邃和自身的不足。

最后，老子讲了真理在推广过程中应该注意和明白的事情。老子说："建德若偷，质真若渝。大方无隅，大器晚成，大音希声，大象无形。道隐无名，夫唯道，善贷且成。"老子的意思是，在推广真理的时候，因为一开始真理往往不能为大多数人认可，一定要讲究策略，由隐到显按步骤进行，切不可一开始就大张旗鼓，这样会导致不必要的阻力。即使掌握了最本质的真理，想要推广的话也要加

以变通，使之成为易于让人接受的样子，放置于四海皆准
的真理在运用时应该没有棱角而且易于接受。真正有用的
大器的制造需要更多时间的积累。真正美妙的乐章不一定
要有震耳欲聋的声响，真正壮阔的场面会让人融入其中而
无拘无束。真理隐藏在万事万物运行之中，自身没有具体
的名称，但是，只有真理才是成就宇宙万物的内在因素！

# 第四十二章

# 探寻万物源头，铭记真理不可违

　　道生一，一生二，二生三，三生万物。万物负阴而抱阳，冲气以为和。人之所恶，唯孤寡不谷，而王公以为称。故物，或损之而益，或益之而损。人之所教，我亦教之。强梁者不得其死，吾将以为教父。

　　在本章，老子开篇道出他的"万物起源说"："道生一，一生二，二生三，三生万物。"老子是在说，最初的宇宙蕴含着巨大的真理的力量，它在真理的内在动力作用下因巨变生成两个对立的矛盾体，这两个对立的矛盾体也是在各自内在运行规律的作用下由量变到质变达成统一生成新的物质，这新的物质也是在其内在的运行规律作用下或与其他物质形成新的对立矛盾，由量变达到质变，形成形形色色的世间万物。

接着，老子道出他的矛盾论，即"万物负阴而抱阳，冲气以为和"。老子是在讲，万事万物都蕴含有阴阳一对对立的矛盾体，事物都是这对对立的矛盾体，在内在客观规律的作用下最终达成统一的产物！

最后，老子用几个典型示例诠释自己的损益观和对待真理应持有的态度。老子说："人之所恶，唯孤寡不谷，而王公以为称。故物，或损之而益，或益之而损。人之所教，我亦教之。强梁者不得其死，吾将以为教父。"老子是在讲，人们最厌恶的就是成为孤儿、寡妇和饥饿，而一些领导者把他们作为自己的称谓，所以，事物有的时候因为自损反而得到增益，有的时候因为太过关注受益反而导致损伤。这些真理由别人传授给了我，我也要原样传授下去，但是，违背真理的人是不会得到好结果的，我会把这一条真理首先传授下去。

# 第四十三章

# 尊重敬畏自然之力

　　天下之至柔，驰骋天下之至坚，无有入无间，吾是以知无为之有益。不言之教，无为之益，天下希及之。

　　在本章，老子开宗明义，指出"至柔"可摧"志坚"于"无间"的真理，警示人们一定要懂得尊重自然、敬畏自然。

　　老子说："天下之至柔，驰骋天下之至坚。无有入于无间。"是在讲，天下最柔弱、最温和的东西如水如气，在自然之力的作用下，可以发起摧枯拉朽之力穿透、摧毁至刚、至强之物如高山和大地。那些无形之物如水如气，可以无孔不入，到达任何地方以发挥其作用。

　　接着，老子说："吾是以知无为之有益。不言之教，无

为之益，天下希及之。"老子的意思是，由此我认识到遵循
自然规律，不把主观意志强加于自然之上的好处。但是，
这种尊重自然、向自然学习、不把人的主观意志强加于自
然的好处，天下人很少能够知道做到呀。

# 第四十四章

## 知足知止可长久平安

　　名与身孰亲？身与货孰多？得与亡孰病？甚爱必大费，多藏必厚亡。故知足不辱，知止不殆，可以长久。

　　在本章，老子以极简的语言，道出了几乎困扰着每一个人的三个命题——如何对待名、利、身？并给出确保人生长久平安的方法。

　　老子开篇用了三个反问句，来启发人们的思考："名与身孰亲？身与货孰多？得与亡孰病？"老子问世人，对于我们每个人来说，名誉和性命究竟哪一个更为要紧呢？性命和财货哪一个更为重要呢？名利的获得与失去究竟哪一个更为有害呢？

　　接着，老子似乎是在给出了一个无需争论的观点，老子说："甚爱必大费，多藏必厚亡。"老子的意思是说，实际上一个人如果过分地爱慕名利，必定为之付出巨大的代价，过多地贪图财货，必定会为此损失惨重。

最后，老子给出一个重要的结论："故知足不辱，知止不殆，可以长久。"因此，一个人只有正确地对待自己努力和所得，不勉强自己和别人，才不会自取其辱，一个人能够明白自己的处境，懂得适可而止，不贪图力所不能及之名利，才能够保证自己不会置身险境。能够做到以上这些，方可确保一个人一生平安。

# 第四十五章

# 内敛、示弱是一种处世哲学

　　大成若缺，其用不弊。大盈若冲，其用不穷。大直若屈，大巧若拙，大辩若讷，大赢若绌。静胜躁，寒胜热。清静，为天下正。

　　在本章，老子站在如何实现人生大成的角度，道出一系列以内敛、示弱为主旨的处世哲学。

　　老子说"大成若缺，其用不弊"，是在讲，一个人（事物）的成就如果达到登峰造极的程度，就应该主动暴露一些缺点缺憾，这样才能保证自己不会成为众矢之的，从而确保自己事业长青。老子接着讲："大盈若冲，其用不穷。"是说，一个人无论多么才华横溢，都要始终保持虚心空杯的心态，这样才能确保不断吸取新的知识，从而始终保持其知识的先进性，始终能够做一个造福社会的人。

接着，老子列举出"大直若屈，大巧若拙，大辩若讷"来进一步阐明自己内敛、示弱的处世哲学。老子这三段话的意思是，富有济世救民理想和能力的人，要想实现自己的梦想，就一定要学会曲线救国，要明白要做大事情，就需要站在不同角度制定多套方案。走向大成功的道路一定是迂回曲折的，要牢记再高明的能工巧匠也是从笨拙开始一点一点炼成的。越是雄辩之才，越要注意一定要给人留有余地，切不可夸夸其谈。再大的赢家也要给对手留有空间，不可赶尽杀绝。

最后，老子用一个人尽皆知的道理，对他以上的观点做了进一步强调。老子说："躁胜寒，静胜热，清静为天下正。"意思是，运动可以克服严寒的伤害，心静可以降低酷暑带给人的痛苦。一个能够做到时刻保持头脑清醒、身心宁静的人可以成就大业！

# 第四十六章
## 欲得有度常知足

天下有道，却走马以粪；天下无道，戎马生于郊。祸莫大于不知足，咎莫大于欲得，故知足之足，常足矣。

在本章，老子通过分析人类战争的起因，是"不知足"和"欲得"，告诫人们应该"欲得有度，常知足"。

老子开篇以战争对战马的影响，来阐述战争的危害。老子说："天下有道，却走马以粪；天下无道，戎马生于郊。"天下人依照自然规律行事时，天下和谐人们之间就不会有战争发生，所以那些优良的战马就会离开战场而改为耕田。当天下人逆自然规律行事时，人们就会发生争执，从而引发战争，战马就会常年征战，连生养马驹也要在战场上。

接着，老子把战争的根源归于"不知足"和"欲得"，直言："祸莫大于不知足，咎莫大于欲得。"是在说，对于人类和万物来说，最大的灾祸灾难就是来自因人们的不知足而引发的争执战争，最大的过错就是人们因不知足而贪得无厌导致的敲诈勒索、强取豪夺。

最后，老子得出欲得有度常知足的结论，即："故知足之足，常足矣。"所以说，真正明白自己的所需，清楚自己的能力和努力的程度，从而懂得知足，知道适可而止，才能够获得长久知足的心态。

# 第四十七章
# 学践真理，事半功倍

不出户，知天下；不闚牖，见天道。其出弥远，其知弥少。是以圣人不行而知，不见而名，不为而成。

在本章，老子告诉世人，学习践行真理，会收到事半功倍的效果。

老子开篇说"不出户，知天下；不窥牖，见天道"，是在讲，一个深谙真理的智者，不用事必躬亲，通过学习就可以清楚地知晓、精准的把握万事万物运行的节奏以及事物发展的关键节点。他们不用每一件事都要亲临现场，就能够知道事物是如何发生、发展和灭亡的。

接着，老子又试图从反方向论证以上观点，老子说："其出弥远，其知弥少。"是在讲，如果一个人对每一个已经被实践验证的真理都要亲自验证，每个错误都要亲自犯一次，那么，他势必因投入太大的精力而影响智慧的增长。

最后，老子指出圣人之所以成为圣人的一个真相，即："是以圣人不行而知，不见而明，不为而成。"老子的结论是，那些智者善于向前人学习、善于向书本学习，所以，他们不需要每件事都亲自去做，就可以清楚地知道事情的来龙去脉，不一定要亲临现场就能够知道世界的样子，只要坚持遵循真理，顺应事物发生发展规律，就可以顺理成章地把事情做好。

# 第四十八章
## 无所不为有方法

　　为学日益，为道日损。损之又损，以至于无为，无为而无不为。取天下常以无事，及其有事，不足以取天下。

　　在本章，老子讲到，学习和践行真理，是人类不断提升能力解决问题的方法。

　　老子首先讲了"学"的功效，即"为学日益"，是指，一个人，随着学习的深入，积累的知识越来越多，而随着知识的增多，人们对真理的把握也越来越清晰精准，范围越来越大。接着，老子讲了学习指导实践巨大作用，即"为道日损"，是指在实践真理的过程中，人们的困惑会越来越少！

　　从而，老子找到了无所不为的方法，即："损之又损，以至于无为。无为而无不为矣。"是在说，随着困惑的减少，人们对事物发展的规律掌握得越来越多，从而培养出依照真理学习工作的习惯。这样持续不断地学习践行真理，人们就会达到顺应自然无所不为的境界。

最后，老子告诫人们："取天下常以无事。及其有事，不足以取天下。"要想赢得天下人的拥护爱戴，就得懂得规律，从而遵循规律，站在事物本质的角度顺应自然的发展。如果一定要把个人的主观意志强加于规律之上，就会被规律淘汰，不再有人拥戴他。这段话也可以理解为，老子在告诫人们，学习践行真理就可以无所不为，否则便会事无可成。

# 第四十九章
## 换位思考、扬善立信赢得爱戴

　　圣人无常心，以百姓心为心。善者，吾善之；不善者，吾亦善之，德善。信者，吾信之；不信者，吾亦信之，德信。圣人在天下，歙歙焉，为天下浑其心。（百姓皆注其耳目），圣人皆孩之。

　　在本章，老子从五个方面，深度剖析了圣人受世人爱戴的深层次原因。

　　老子开篇直接指出原因一："圣人无常心，以百姓之心为心。"是在讲，真正的智者不会固执己见，他们会真心地站在别人的角度去思考问题。

　　原因二："善者，吾善之；不善者，吾亦善之——德善。"是在讲，那些善良的人我会善待他们，那些不善良的人，我也会善待他们，这就是赢得慈善美德的做法。

原因三："信者，吾信之；不信者，吾亦信之——德信。"是说，那些真诚的人我会信任他们，那些不讲诚信的人我也会给予他们充分的包容和信任，这就是赢得诚信美德的做法。

原因四："圣人在天下，歙歙焉，为天下浑其心。"是在讲，智者自己为人处世都坚持内敛低调，他们对待别人的出发点都是如何让人们变得更加善良淳朴。

结论："百姓皆注其耳目。"是指这样做，人们都会把自己的所见所闻毫无隐瞒地展示给他看、说与他听（此为真心"爱戴"）。

至关紧要的补充原因五："圣人皆孩之。"是说，智者对人们就像对待自己的孩子那样的仁爱（这可以视为圣人对"爱戴"的回报，也是圣人赢得"爱戴"的一个重要原因）。

# 第五十章

## 不临绝境　善养生命

出生入死。生之徒，十有三；死之徒，十有三。人之生，动之死地，亦十有三。夫何故？以其生生之厚。盖闻善摄生者，陆行不遇兕虎，入军不被甲兵，兕无所投其角，虎无所措其爪，兵无所容其刃。夫何故？以其无死地。

在本章，老子教导人们，要节制贪欲、不临绝境，方可善养生命。

老子开篇说："出生入死。生之徒，十有三；死之徒，十有三。人之生，动之死地，亦十有三。"老子这是讲了一个生死善终的比例，即纵观古今，人们的一生，能够善始善终寿终正寝的人有三成，因为意外中途夭折的有三成，本来可以平安一生但是因为贪欲太深引来灾祸导致死亡的人也有三成。

接着，老子对第三种结局又强调了原因："夫何故？以其生生之厚。"这是为什么呢？因为那些贪欲太深的人在生命中的欲望太多。

最后，老子把"不临绝境"作为"善养生命"的法宝，说："盖闻善摄生者，陆行不遇兕虎，入军不被甲兵，兕无所投其角，虎无所措其爪，兵无所容其刃。"是在讲自古以来，那些善于养护生命善于为自己营造生存空间的人，在路上行走不会被老虎、犀牛这样的猛兽伤害，战争中不会被兵器伤害，因为他们了解猛兽的习性、知道战场上的生存规则，所以他会早做准备，不给猛兽、战争伤害他们的机会。

结束语"夫何故？以其无死地"意即：这是为什么呢？这是因为他们在一生中从不把自己置于绝境，这才会让自己一生平安。

# 第五十一章
## 是谁决定了你的样子

道生之，德畜之，物形之，势成之。是以万物莫不尊道而贵德。道之尊，德之贵，夫莫之命而常自然。故道生之，德畜之。长之，育之，亭之，毒之，养之，覆之。生而不有，为而不恃，长而不宰，是谓玄德。

在本章，老子首先从内在规律和外在环境诸方面，对决定事物成长的因素进行了细致的剖析！老子开篇讲："道生之，德畜之，物形之，势成之。"是在讲，世间万事万物，都是因其内在的规律而生，因其顺应遵循规律而成长发展，因其所含有物质的不同而使其有了不同的形状和形态，最终因其所处环境的不同而获得不同的成就！

接着，老子总结出人类应该尊重真理并严格依照真理来指导实践，说："是以万物莫不尊道而贵德。道之尊，德之贵，夫莫之命而常自然。"所以说，万事万物都须遵循和顺应规律。真理之所以被尊重认可，顺应真理的行为之所以可贵，是因为只要遵循真理，不需要人们强加干预，事物就可以自然而然地发展！至此，老子基本回答了"是谁决定了你的样子"这一问题。

最后，老子又进一步阐明人们应该如何对待自己和他人的成长。老子说："故道生之，德畜之。长之，育之，成之，熟之，养之，覆之。生而不有，为而不恃，长而不宰，是谓玄德。"老子是在说，万事万物，都是因其内在的规律而生，因其顺应遵循规律而成长发展，从而成长、发育、成熟，同时，在这个过程中，也是其内在的规律使其守住并秉承了事物的本质。真理对待万事万物最正确的做法是，生育万物却不据为己有，养育万物却不自恃有功，对万物的成长起到内在的决定性作用却不做万物的主宰。这就是关于成长的最深层次的原因。我们也可以理解为，这就是人们对待自己和他人成长的正确态度。

# 第五十二章

# 学践真理，善其身，济天下，
# 享无限人生

天下有始，以为天下母。既得其母，以知其子；既知其子，复守其母，没身不殆。塞其兑，闭其门，终身不勤。开其兑，济其事，终身不救。见小曰明，守柔曰强。用其光，复归其明，无遗身殃，是为袭常。

在本章，老子在之前论证真理与实践的基础上，深刻论述了人们应该如何学习践行真理，以及一个志在学践真理的人能够达到的人生高度。

老子开篇首先阐述了之前对真理的认识："天下有始，以为天下母。"是在讲，客观规律作为万事万物产生的内在原因，可以称之为万事万物产生的原点，我们可以把客观规律看作是万事万物产生发展的根源。

接着，老子分三步递进论述了学践真理可以带给人们的三重成就。第一步："既得其母，以知其子；既知其子，复守其母，没身不殆。"是说，既然找到了万事万物产生发展的根源，就可以循着脉络认知由此产生的万事万物，既然对万事万物有了了解认知，就要遵循其运行规律，这样做就终身不会陷入困境。第二步："塞其兑，闭其门，终身不勤。"当一个人能够正确认识以上这些客观规律以后，便完全可以受用终身而不需费心费力劳作（似有"独善其身"之意）。第三步："开其兑，济其事，终身不救。"如果这个人有济世情怀，那么，他完全可以尽其所能推广自己所学所知，能够这样做的人，他一生都不会有困境（似有"兼济天下"之意）。

最后，老子对学践真理从"继承发扬"和"持续探索"两个角度进行了延伸，从而完成了他对学践真理的方法论的论述。老子说："见小曰明，守柔曰强。"是在讲真理的"继承发扬"，能够看到事物发展最细微最本质的地方，也就是客观规律，叫作真正的明白（发现真理）；能够坚守住、秉承、坚持这些最质朴的看似"柔弱"的真理，才叫作真正的坚强（坚持真理）。老子接着说："用其光，复归其明，无遗身殃，是谓袭常。"是在讲"持续探索"，当一个人能够认识真理、坚持真理，如果再能够利用真理的力量（运用真理），让自己用推理、类比等方法，实现对万事万物持续深入的研究，就能让自己在真理探索的道路上越走越远，越来越明白。这样的人，一生都不会有灾殃。这就是我要说的如何认识、利用、继承、发扬和持续探索客观规律。

通过对老子以上论述的学习，我甚至从中体会到了，人们可以通过学习真理、践行真理、探索真理，实现自己从不惑，到无困，直至尽享无限人生的至高境界！

# 第五十三章

# 学践真理无捷径

使我介然有知，行于大道，唯施是畏。大道甚夷，而民好径。朝甚除，田甚芜，仓甚虚。服文彩，带利剑，厌饮食，财货有余，是为盗夸。非道也哉！

在本章，老子警示世人，对于真理的学习和实践没有捷径，要严格遵循，避免跑偏。开篇提出一个担心和一个警告。老子说："使我介然有知，行于大道，唯施是畏。"是在讲，他像介石一样坚定地认为，做人应该坚持按照真理行事，他唯一担心的是在把真理付诸实践的过程中会出现偏差。老子接着警告说："大道甚夷，而人好径。"是在说，真理铺就的道路一定是宽阔平坦的，但是，人们在实践中往往会走捷径，甚至会走歪门邪道。

　　本章的第二部分，老子用一个反面例子，指出学践真理的错误做法。老子说："朝甚除，田甚芜，仓甚虚。服文采，带利剑，厌饮食，财货有余，是为盗夸。非道也哉！"老子感慨，当一个国家，朝政已经荒废，农田出现荒芜，粮仓已经空虚的时候，而那些文官还讲究华丽的穿戴，武官还在炫耀锋利的宝剑，当政者还穷奢极欲甚至强取豪夺百姓的财物，这些都是欺世盗名的做法，根本与真理一点也不沾边呀。

# 第五十四章

# 学践真理，倡树真朴家风、
# 乡风、天下风

善建者不拔，善抱者不脱，子孙以祭祀不辍。修之于身，其德乃真；修之于家，其德乃余；修之于乡，其德乃长；修之于邦，其德乃丰；修之于天下，其德乃普。故以身观身，以家观家，以乡观乡，以邦观邦，以天下观天下。吾何以知天下然哉？以此。

在本章，老子非常严谨地提出，个人学践真理，与家风、乡风，乃至全天下真朴风尚有直接关系。

开篇，老子首先阐明了个人学践真理，对家庭家风及后的子孙的影响。老子说："善建者不拔，善抱者不脱，子孙以祭祀不辍。"是在讲，能够遵循真理建立秩序和行为规范的人不会被淘汰，能够坚持按照这些遵循真理建立的秩序和行为规范行事的人就会完全融入社会。他们的子孙也会因为继承和发扬这些规范而生生世世绵延不绝。

老子接着递进阐明个人学践真理，对家风、乡风、天下风的影响："修之于身，其德乃真；修之于家，其德乃余；修之于乡，其德乃长；修之于邦，其德乃丰；修之于天下，其德乃普。"老子是在讲，如果一个人能够遵循践行这些秩序规范，那么他的品行就会表现为纯真质朴；如果把这些秩序和规范用来持家，那么这些纯真质朴的品质就会成为一个家庭的文化；如果把这些秩序和规范用来教化乡邻，这些纯真质朴的品质就会在乡邻之间得到推广成长；如果把这些秩序和规范用来治国安邦，那么家国就会得到完善，从而更臻于完美；如果将它们推广到全天下，那么这些纯真质朴的品质就会得到普及了。

那么，如何知道这些纯真质朴的品质普及的效果呢？老子说："故以身观身，以家观家，以乡观乡，以邦观邦，以天下观天下。吾何以知天下然哉？以此。"因为可以通过对自己坚持践行这些秩序和规范的情况来了解他人的情况，通过自己坚持践行这些秩序和规范建设家庭文化的情况来了解他人家庭的情况，通过考察在自己乡邻中推广这些秩序和规范的情况来了解其他地方的情况，通过调查这些秩序和规范在自己国家的普及对治国安邦的作用来了解其他国家的情况，通过综合各个国家坚持践行这些秩序和规范的成效来了解全天下的情况。

# 第五十五章
# 和谐是最强驱动力

含德之厚，比于赤子。毒虫不螫，猛兽不据，攫鸟不搏。骨弱筋柔而握固。未知牝牡之合而朘作，精之至也。终日号而不嗄，和之至也。知和曰常，知常曰明，益生曰祥，心使气曰强。物壮则老，谓之不道，不道早已。

在本章，老子用"婴儿"这个最好的和谐共生体，来类比说明"和谐"的强大推动作用！

开篇，老子首先把智者比作婴儿，用婴儿之"和"来类比智者所遵之"道"，从而说明智者践行真理的最高境界"和谐"特质。老子说："含德之厚，比于赤子。毒虫不螫，猛兽不据，攫鸟不搏。骨弱筋柔而握固。未知牝牡之合而朘作，精之至也。终日号而不嗄，和之至也。"是在讲，一个知识渊博、实践经验丰富的人（也就是遵循真理的人），就像一个刚刚出生的婴儿一样，毒虫、猛兽、猛禽都不会伤害他。他看起来骨弱筋柔，但是抓东西却非常牢固；他不知雌雄动物之间的性事，小生殖器却会勃起竖立。这些都是精气充盈的原因呀！小婴儿整天嚎哭但是嗓子却不会哑，这是因为婴儿身心阴阳协调没有杂念的原因呀！这里，我们可以理解为，婴儿就是老子眼里的"和谐共生体"，是老子所讲的践行真理的最佳代表。

接着，老子阐述了他"和谐共生体"的个性，展示其强大的力量。老子说"知和曰常，知常曰明，益生曰祥，心使气曰强。物壮则老，谓之不道，不道早已。"是在讲，一个人懂得事物之间存在着对立统一的关系，并且知道如何达到阴阳和谐、对立统一，这些就是规律、就是真理，知道这些真理的人才会真正的心智清明！一个懂得养生的规律、善于养生的人生命状态会非常安详，一个理智可以克制情绪的人才可以称为强者。事物发展到极致的时候如果出现衰败的情况，是因为不遵循规律不遵照真理行事，如果不能遵循真理，就会过早衰败。

# 第五十六章

# 高端智慧，可修而得

　　知者不言，言者不知。塞其兑，闭其门，挫其锐；解其纷，和其光，同其尘，是谓玄同。故不可得而亲，不可得而疏；不可得而利，不可得而害；不可得而贵，不可得而贱，故为天下贵。

　　在本章，老子告诉人们，梦想中的智慧应该是什么样子，应该如何得到，以及大智慧者是如何对待得到的智慧的。

　　老子开篇阐明了智者应该具备的一个特质："知者不言，言者不知。"即一个拥有智慧的人不会随意发号施令，反之，一个随意发号施令的人一定不可称为智者。

　　第二部分，老子给出了获得智慧的三个步骤。第一步，"塞其兑，闭其门。"是说，一个智者要洞察事物之间的运行规律，就会让自己选择一个清静的地方，排除一切干扰、闭门思考。第二步，"挫其锐，解其纷。"是说，他会区分去除事物的个性化的部分——去粗取精，识别解决事物之间矛盾的、对立的成分——去伪存真。第三步，"和其光，同其尘。"是在讲，找到事物之间的内在的相同或相通的规律性的东西——找到规律，然后遵循这些规律，反复验证、沉淀——发现真理。"是谓玄同。"这就是最深最大的统一的高端智慧。在第四章，老子也有同样的发现。

接着，老子阐述了应该如何对待得来的大智慧："故不可得而亲，不可得而疏；不可得而利，不可得而害；不可得而贵，不可得而贱，故为天下贵。"是在讲，能够得到这样的大智慧的人，对天下万事万物一视同仁，不会厚此薄彼，不会趋利避害，不会区分贵贱，所以他们就拥有了高贵的品质。

至此，老子不但讲了智者的特质，而且讲了如何获得高端智慧，同时也讲了如何应用这些智慧，从而让自己成长为一个智者。

# 第五十七章

## 守初心、顺自然，民自富、风自朴

以正治国，以奇用兵，以无事取天下。吾何以知其然哉？以此：天下多忌讳，而民弥贫；人多利器，国家滋昏；人多伎巧，奇物滋起；法令滋彰，盗贼多有。故圣人云：我无为而民自化，我好静而民自正，我无事而民自富，我无欲而民自朴。

本章分三部分，从三个角度，论述了"以正治国，以奇用兵，以无事取天下"的正确性。

老子开篇直指主题："以正治国，以奇用兵，以无事取天下。"是在讲，治理国家要采用公平公正的制度，用兵打仗则要善用奇谋，要真正赢得民心，则要采用充分尊重民意、顺其自然、不过分干扰人们生活的方法。

第二部分以反问起势，列举了若非如此的危害性。老子说："吾何以知其然哉？以此：天下多忌讳，而民弥贫；民多利器，国家滋昏；人多伎巧，奇物滋起；法令滋彰，盗贼多有。"意思是，我是怎么知道这些道理的呢？是因为有下面的这些事实例证：如果统治者在治理天下时因自己不自信或不明白而对人们的生产生活人为制定过多的禁忌，则人民必定因为顾虑太多而无所适从，从而影响生产生活导致贫困。在民间的先进武器越多，国家的治理面就会滋生混乱。人们做事如果投机取巧的多了，那些歪门邪道的事物就会增多。当一个国家五花八门的法律越来越多时，就会导致人民无所适从，民不聊生，从而令人们为了生活铤而走险，犯罪的人自然会增多。

最后，老子又借圣人之言，论证自己观点的正确性："故圣人云：我无为而民自化，我好静而民自正；我无事而民自富，我无欲而民自朴。"所以，智者说："我不需要刻意而为，顺其自然，人民群众自然而然会自我发展；我能够严于律己守住初心，人民自然会跟随我走上正途；我如果不无事生非甚至乱起战事，人民自然因为不会有太多的消耗而越来越富足；我如果清静寡欲保持质朴本色，人民自然会仿效我而变得纯真质朴。"

# 第五十八章
## 施政需懂辨证，率真须忌锋芒

其政闷闷，其民淳淳；其政察察，其民缺缺。祸兮福之所倚，福兮祸之所伏。孰知其极？其无正也。正复为奇，善复为妖，人之迷，其日固久。是以圣人方而不割，廉而不刿，直而不肆，光而不耀。

在本章，老子深度解析了治理施政需懂得内有辩证思想，治理的过程要谨防有偏颇，并且以先贤的处事标准来明示世人，如何取得最佳治理效果。

老子开宗明义，首先道出自己的施政观点："其政闷闷，其民淳淳；其政察察，其民缺缺。"是在讲，就国家治理而言，一个国家如果采取宽松低调的政策，人民就自然会养成淳朴厚道的风气；而一个国家如果采用严厉的苛政，生活于其中的人民就会养成狡黠、世故、投机钻营等习气。

接着，老子引入辩证思想："祸兮，福之所倚；福兮，祸之所伏。孰知其极？其无正也。"老子说，看来是灾祸的事情往往会有好事伴随，看来是好的事情却也往往隐藏着灾祸。谁知道"福"与"祸"能够相互转换的极限点在哪里呢？这里没有一个标准呀！

然后，老子把辩证思想接轨到治理领域，说："正复为奇，善复为妖。"是在讲，本来公平公正的治理制度，因为执行中的偏差，也会把一个国家引入歧途，本来善良淳朴的人民，因为国家治理方法的严苛转变，也会变得民风彪悍！

老子在这里还说了一句关于治理境界的话，即"人之迷，其日固久"。老子是在讲，人们不明白以上这些道理，已经很长时间了。最后这句话，实在是细致入微，直指治理之人的境界，懂得辩证施正，懂得关注制度执行落实过程中的问题，是高境界的治理之道。

最后，老子按照惯例借先贤之为来论证自己的观点："是以圣人方而不割，廉而不刿，直而不肆，光而不耀。"即智者不会因为正直有个性而不顾及别人的感受，不会因为自己做事雷厉风行而伤及无辜，不会因为自己的直率而显得放肆，不会因为自己功勋卓著而炫耀！

好一个"方而不割，廉而不刿，直而不肆，光而不

耀"，读到这里，禁不住要为老子叫好点赞！2000 年前的
中华智者，其治理思想、为人境界，已经精细入微到这种
境界！值得细品、细品、细品之！

# 第五十九章
## "长生久视"有方法！

治人事天莫若啬。夫唯啬，是谓早服。早服，谓之重积德，重积德，则无不克，无不克，则莫知其极，莫知其极，可以有国。有国之母，可以长久。是谓深根固柢，长生久视之道。

本章，老子提出一个人类的终极梦想——"长生久视"。我姑且理解为长生不老、长盛不衰、可持续发展等。老子给出的根源方案是"啬"。在本章，老子用了递进解读的方法，层层剖析：首先，开篇就给出方案"治人事天莫若啬"，即对于自身修养和国家治理来说，最重要的是重积累慎消耗。接着说了"啬"方案的第一重结论："夫唯啬，是谓早服。"即只有做到重积累慎消耗，才能为个人成长和国家发展做好充分的准备。接着是第二重结论"早服谓之重积德"。这样做就是为个人成长和国家发展不断积蓄物力财力和经验。第三重结论"重积德则无不克",即这样的人或国家就拥有了强大的力量。第四重结论"无不克则莫知其极",即一个人能力强大,或一个国家国力强大,外人或别国就无法知道估量其实力。第五重结论:"莫知其极,可以有国。"即如果别人无法估量我们的实力的话,那么,我们的国家(个人)安全就有了保障。第六重结论:"有国之母,可以长久。"只要保障了国家(个人)的安全这个根本,那么,个人和国家就可以实现可持续发展了。还有第七重结论"是谓深根固柢"。这就是如何筑牢个人(国家)发展根基。由此可见,"深根固柢"才是"啬"的真正目的,而"长生久视之道"指的是从"啬"(重积累慎消耗)到"深根固柢"(筑牢发展根基),终达"长生久视",才是真正的确保长治久安的方案。

# 第六十章

## 真理化民风，民自淳，惠自生

治大国若烹小鲜。以道莅天下，其鬼不神。非其鬼不神，其神不伤人；非其神不伤人，圣人亦不伤人。夫两不相伤，故德交归焉。

在本章，老子为人们展示了真理治国的美好场景。

老子开篇提出其治理理念："治大国，若烹小鲜。"意思是，治理国家和煎烹小鲜鱼的方法类似，不能过分地折腾。并且，老子用"以道莅天下"作为他真理治国理念的落地方案，意思是，把万事万物运行的真理都传授给天下人。

接着，老子对以上落地方案，展示其四重境界的成效。第一重"其鬼不神"，是在讲，人们明白了事物及社会的发展规律了，人们文明开化了（懂得了顺其自然的道理），从而达到教化民众，开启民智，打造淳朴民风的境界，在这种氛围中人们心中就不会产生邪恶的念头。第二重"非其鬼不神，其神不伤人"，是说，不但邪恶的念头不会产生，即使会有邪恶的念头产生，它也伤害不到已经文明开化的百姓。第三重"非其神不伤人，圣人亦不伤之"，是说，邪恶伤不到百姓，智者也不会伤害百姓。第四重，也是老子真理治国会达到的最高境界——太平盛世！老子说："夫两不相伤，故德交归焉。"是在讲，谁都不会受到伤害（就会天下太平），这就是因为统治者依真理治理天下，最后这种治理方法又惠及每个人身上。

# 第六十一章

# 谦虚低调的姿态，各得其所的外交

大邦者下流。天下之牝，天下之交也。牝常以静胜牡，以静为下。故大邦以下小邦，则取小邦；小邦以下大邦，则取大邦。故或下以取，或下而取。大邦不过欲兼畜人，小邦不过欲入事人，夫两者各得其所欲，大者宜为下。

在本章，老子给出了一个能够构建人类命运共同体的外交姿态——谦虚低调。并且，老子对于构建一个什么样的人类命运共同体，也给出了一个答案——各得其所。

第一部分，老子阐述自己的谦虚低调外交观："大国者下流。天下之牝，天下之交也。牝常以静胜牡，以静为下。故大邦以下小邦，则取小邦；小邦以下大邦，则取大邦。故或下以取，或下而取。"老子的意思是，大国在外交中的姿态，要像处于江河下游之地一样，保持低调安静的姿态，才会成为百川交汇之地、众望所归之国。就像天下的雌性动物一样，总是以安静柔和的姿态来赢得雄性的归附，因为安静柔和的姿态如同处于江河下游之地，能够让雄性自然归附。所以，在外交中，大国如果能够以谦虚低调的姿态对待小国，就会赢得小国的信赖；小国如果能够以谦虚低调的姿态对待大国，就一定会赢得大国的支持。

第二部分，老子对构建各得其所的国际环境做出了总结。老子说："大邦不过欲兼畜人，小邦不过欲入事人，夫两者各得其所欲，大者宜为下。"意思是，或者通过姿态低调而赢得更多的支持，或者因为地处低位而自然获得更多的归附。大国不过是为了养育教化更多的百姓，小国不过是想加入大国的阵营以让自己的百姓获利。这样的外交，无论是大国还是小国，在这个过程中都实现了各自的愿望，大国的姿态应该谦虚低调。

实际上，以上这些是老子对于如何构建和构建一个什么样的人类命运共同体的思考，是老子朴素的人类意识、共发展意识的体现。

# 第六十二章

# 赞美育人　榜样得人

　　道者，万物之奥，善人之宝，不善人之所保。美言可以市尊，美行可以加人。人之不善，何弃之有！故立天子，置三公，虽有拱璧以先驷马，不如坐进此道。古之所以贵此道者何？不曰以求得，有罪以免邪？故为天下贵。

　　在本章，老子讲了构建和谐共生美好人际关系的两个重要法宝——赞美和榜样的力量。

　　老子首先阐明真理的重要性，即："道者，万物之奥，善人之宝，不善人之所保。"老子是说，真理之中蕴藏的是万事万物运行的规律，对于善做事善成事的人来说，是他们为人处世的法宝；对于那些能力较低、不善做事的人来说，更是一个重要保障。

　　接着老子重磅推出构建和谐共生美好人际关系的两个重要法宝——"美言可以市尊，美行可以加人，人之不善，何弃之有？"是说，这些法宝主要有华丽的赞美之词可以赢得人们的认可和尊重，高尚的行为（榜样）可以获得巨大的影响力。有了这两个法宝，那些能力较低、不善做事的人，他们可以用真诚的赞美和榜样的力量来武装自己，怎么还会自暴自弃呢？

　　最后，老子从两个方面进一步阐明这两个法宝："故为天下贵。"——所以，这些真理是天下最宝贵的东西。

　　首先，老子把两大法宝与重要事情对比阐明其"贵"。老子说："故立天子，置三公，虽有拱璧以先驷马，不如坐进此道。"意思是，对于那些天子和大臣来说，给他们送美玉、宝马，不如把这些真理和坚守这些真理的好处传授给他们。

　　然后，老子从两大法宝对问题事件的补救作用阐明其"贵"："古之所以贵此道者何？不曰求此得，有罪以免邪？"老子是在讲，自古以来，为什么人们如此看重这些真理的作用呢？不正是因为，按照真理行事，运用这些法宝有求必应，能取得好的效果，即使犯了错，也能够按照真理的指引找到修正的办法吗？

# 第六十三章
## 成大事、解大难有方法

为无为，事无事，味无味。大小多少，报怨以德。图难于其易，为大于其细。天下难事，必作于易；天下大事，必作于细。是以圣人终不为大，故能成其大。夫轻诺必寡信，多易必多难。是以圣人犹难之，故终无难矣。

本章，老子专门就如何成就大事和解困解难给出解决方案。

本章第一部分，老子直接给出如何成就大事的方案："为无为，事无事，味无味。大小多少，报怨以德。"是在讲，一个要成大事的人在管理方面，要坚持顺其自然不妄为，做事情要专注、简练，不把事情复杂化，不好大喜功，生活上要固守俭朴、不奢侈。在工作中，善于把大事情分解成一个个小事情，把繁琐事情尽力化解得简洁简单。在为人处世方面，要善于包容，有以德报怨的境界。

第二部分，老子就如何走出困境给出具体方法："图难于其易，为大于其细。天下难事，必作于易；天下大事，必作于细。是以圣人终不为大，故能成其大。"是说，在困难面前要善于找出容易开始的切入点，面对重大任务要善于把握细节。做那些难度大的事情，一定需要从较容易的环节着手，那些重大的事情一定要完善一个个小细节。所以，那些智者做事情看起来从没有轰轰烈烈大刀阔斧，是因为善于化繁为简、解难于易，最终做成了大事。

最后，老子从做事的态度方面进一步告诉世人，如何取得成就："夫轻诺必寡信，多易必多难。是以圣人犹难之，故终无难矣。"一个人经常轻易承诺，必定会因诺言经常难以兑现而失信，做事情眼高手低对困难估计不足，一定会遇到意想不到的困难。所以，那些智者做事总是能够充分地估计事情的难度，因为做好了充分的准备，往往最终所有问题都会迎刃而解，终成大事。

# 第六十四章

## 未雨绸缪、积小成大、
## 慎终如始、不妄为

其安易持，其未兆易谋，其脆易泮，其微易散。为之于未有，治之于未乱。合抱之木，生于毫末；九层之台，起于累土；千里之行，始于足下。为者败之，执者失之。是以圣人无为，故无败；无执，故无失。民之从事，常于几成而败之。慎终如始，则无败事。是以圣人欲不欲，不贵难得之货。学不学，复众人之所过。以辅万物之自然，而不敢为。

在本章，老子给出了成就大事的四条金科玉律。

金科玉律之一：未雨绸缪事易成，关键是掌握先机。老子说："其安易持，其未兆易谋，其脆易泮，其微易散。为之于未有，治之于未乱。"意思是，要想做成事情，就一定要明白，做事情，在事态平稳时是最容易把握的，在事情还没有变化的迹象时最容易谋划。事物在成长初期最脆弱的时候最容易被破坏，事物在力量薄弱的时候最容易被消灭。所以，做事情，要做到一要未雨绸缪，在事情来临之前做好充分准备，二要防患于未然，在问题形成之前将之消灭于萌芽之中。

金科玉律之二：积小成大事可成，关键是不断积累。老子说："合抱之木，生于毫末；九层之台，起于垒土；千里之行，始于足下。"意思是，任何事物的成长都是一个量变到质变的过程。再粗大的树木也是从一个小幼苗开始长的，再高大的高台也是一点点土垒起来的，再远的征程也是一步步走过的。

金科玉律之三：慎终如始事能成，关键是坚持始终。老子说："民之从事，常于几成而败之。慎终如始，则无败事。"是在讲，人们做事情，常常在接近成功的时候却失败了，一定要记住做任何事情，只要坚持自始至终都像开始的时候一样谨慎（牢记初心），就不会失败。

金科玉律之四：人不妄为事终成，关键是相信遵循真理。老子说："为者败之，执者失之。是以圣人无为，故无败；无执，故无失。……是以圣人欲不欲，不贵难得之货；学不学，复众人之所过。以辅万物之自然，而不敢为。"观古今人们做事，凡是不遵循规律主观妄为的就一定会失败，那些唯我独尊者最终会失去人民的支持。因此，那些智者因为总是遵循规律、不妄为，所以不会失败，因其从不独断专行，所以不会失去人民的支持。所以，那些智者所想要的往往和常人不同，不会看重身外之物，所要学的往往也和常人不同，是在不断纠正人们的过错中学习总结经验教训的。智者总是愿意遵循万事万物的运行规律，而不会主观妄为，所以会做成事。

# 第六十五章

# 个人利益引导不长久，共同发展是良方

古之善为道者，非以明民，将以愚之。民之难治，以其智多。故以智治国，国之贼；不以智治国，国之福。知此两者，亦稽式。常知稽式，是谓玄德。玄德深矣，远矣，与物反矣。然后乃至大顺。

在本章，老子把"明民"和"愚民"作为两种截然相反的组织治理模式提出来，明确表达了"明民"是"小智"，"愚民"是大智的观点，强调"愚民"的大智治理是"国之福"。

老子开篇表明观点："古之善为道者，非以明民，将以愚之。"意思是，自古以来，那些善于遵循客观规律行事的人，不是教导人民工于心计投机钻营，而是教育人民淳朴待人、拥有大局智慧。

接着，老子阐明原因："民之难治，以其智多。故以智治国，国之贼；不以智治国，国之福。"是在说，之所以管理者认为管理难度大，是因为整个组织内部充满了智巧心机至上的利己主义氛围。所以，那种以智巧心机至上的"个人利益引导"模式对组织的治理是有危害的；而那种顺应规律的"命运共同体"模式是"国之福"。

最后，老子讲了自己对于正确模式的应用："知此两者，亦稽式。常知稽式，是谓玄德。玄德深矣，远矣，与物反矣。然后乃至大顺。"是在讲，懂得这两种治理模式的区别，就懂得了关于治理的法则。懂得并坚持这些治理法则，就是最正确的治理模式。这些正确的治理模式影响深远，是事物运行规律的正确反映，遵循了这些，会使国家的治理达到最佳状态。

# 第六十六章
# 赢得领导力

江海所以能为百谷王者，以其善下之，故能为百谷王。是以欲上民，必以言下之；欲先民，必以身后之。是以圣人处上而民不重，处前而民不害，是以天下乐推而不厌。以其不争，故天下莫能与之争。

在本章，老子以"江河因处下终为百谷之王"的自然现象，论述了智者赢得领导力的方法、原因和成效。

老子开篇说："江海所以能为百谷王者，以其善下之，故能为百谷王。"意思是，江海之所以成为百谷之王的原因，是因为江海总是处在最下游，所以才能够成为百谷之王。

首先，老子讲了智者赢得领导力的方法："是以圣人欲上民，以其言下之；欲先民，以其身后之。"即，所以说，一个人要成为人们的领袖，一定要低调做人、礼贤下士、善纳人言、博采众家之长；一个人要领导人民，就一定要把自己的利益放在人民的利益之后。

接着，老子指出智者按照以上方法赢得领导力的原因："是以处上而民不重，处前而民不害。"是说，所以，那些智者虽位高，但是人民与之在一起时却不感觉到有压力，那些智者虽权重，但是对人民却没有伤害。

最后，老子讲了智者靠"处下"赢得领导力的卓越成效："是以天下乐推而不厌。以其不争，故天下莫能与之争。"老子的意思是，天下人都积极推举这些智者来做领导人，并愿意接受智者的领导，因为智者从不为一己私心而争权谋利，所以任何人都没有资格与之争夺领袖的位置和权力。

# 第六十七章

## 慈爱赢得勇敢　俭朴广积财富
## 后天下之乐方显领袖本色

　　天下皆谓我道大，似不肖。夫唯大，故似不肖。若肖，久矣其细也夫。我有三宝，持而保之。一曰慈，二曰俭，三曰不敢为天下先。慈，故能勇；俭，故能广；不敢为天下先，故能成器长。今舍慈且勇，舍俭且广，舍后且先，死矣！夫慈，以战则胜，以守则固，天将救之，以慈卫之。

　　在本章，老子深入阐述了自己的三宝——慈、俭、不敢为天下先。

　　老子开篇论道："天下皆谓我道大，似不肖。夫唯大，故似不肖。若肖，久矣其细也夫！"意思是，天下人都说，"道"是博大精深的，大得似乎无法描述。正是因为"道"

的博大精深，所以人们无法描述。如果可描述的话，时间一久，人们就会了解了（那样的话，也就没有博大精深可言了）。

接着，老子展示自己的三宝："我有三宝，持而保之：一曰慈，二曰俭，三曰不敢为天下先。"老子是在讲，我有三个原则，一直坚持遵守：一是对万事万物保持慈爱之心，二是俭朴，三是不敢把自己的利益放在群众利益之前。

本章第三部分，老子讲了他的三宝的作用："慈，故能勇；俭，故能广；不敢为天下先，故能成器长。"意思是，因为我对万物怀有慈爱之心而使得人们对我爱戴，所以我内心勇敢；因为我保持俭朴、重积累慎消耗，所以我能够广积财富；因为我不敢把自己的利益放在群众利益的前面，所以群众拥护我，我才能够成为群众的领袖。

最后，老子尝试讲他的三宝的作用和终极意义："今舍其慈，且勇；舍其俭，且广；舍其后，且先，死矣。夫慈，以战则胜，以守则固。天将救之，以慈卫之。"老子的意思是，如果不是靠对人们的慈爱赢得爱戴而是盲目蛮干，不是靠俭朴积累而是巧取豪夺群众的财富，不是群众利益优先而是与民夺利，那么，这样的人离灭亡不远了。慈爱待人会赢得人民拥护，因为众志成城，所以战必胜、守必固！

如果说要拯救一个人，一定是让这个人拥有慈爱之心。

# 第六十八章

## 沉着不争、善纳谏言可致胜

善为士者，不武；善战者，不怒；善胜敌者，不与；善用人者，为之下。是谓不争之德，是谓用人之力。是谓配天，古之极也。

在本章，老子例数了善于治理、战斗、制胜和精通用人之道的智者，都有一个共同的特点，就是具备沉着不争和善于听取意见的特质。

老子说："善为士者，不武；善战者，不怒；善胜敌者，不与；善用人者，为之下。是谓不争之德，是谓用人之力。是谓配天古之极。"意思是，善于治理国家的人不会依靠武力来征服民众，善于用兵打仗的人会始终保持冷静不会头脑发热，善于打胜仗的人都会重视谋略不战而屈人之兵，不会轻易与敌军正面交锋，善于用人的人往往很低调，能够广泛采纳意见。这就是处下不争的方法，和善于调动发挥人们的积极主动性的方法，这就是最符合规律的做法，是古之智者坚持的原则。

# 第六十九章

## 老子以守为主指导思想下的制胜谋略

用兵有言，吾不敢为主，而为客，不敢进寸，而退尺。是谓行无行，攘无臂，扔无敌，执无兵。祸莫大于轻敌，轻敌几丧吾宝。故抗兵相若，哀者胜矣。

在本章，老子着重阐述了自己以守为主的战略思想。开篇，老子直抒观点："用兵有言，吾不敢为主，而为客，不敢进寸，而退尺。"意思是，我在用兵方面的观点是："我从来不主动出兵，而是注重以防守为主。我宁愿退后一尺也不前进一寸。"

第二部分，老子从四个维度解读了自己的作战思维：一是"行无行"，在用兵方面不能让对方搞清楚我方的行军方向；二是"攘无臂"，用兵谋略要注意绝对保密；三是

"扔无敌"，在战略上要麻痹敌人，在战术上要做好精心准备；四是"执无兵"，作战时要注重发挥我方军队的整体作战能力。

最后，老子把"轻敌"的危害和"懂得示弱"的用兵制胜的真谛进行了强调。老子说"祸莫大于轻敌，轻敌几丧吾宝"，即在用兵方面，最大的灾祸就是轻敌，轻敌的做法几乎丧失了老子的原则。其结论是"故抗兵相加，哀者胜矣"，所以说，两军对阵时，懂得示弱、懂得谋略的一方一定会胜利。

# 第七十章

# 真理的推广任重道远

吾言甚易知，甚易行，天下莫能知，莫能行。言有宗，事有君。夫唯无知，是以不我知。知我者希，则我者贵，是以圣人被褐而怀玉。

在本章，老子讲了其真理与实践的推广是有难度的，而且也客观分析了原因。

老子说："吾言甚易知，甚易行。天下莫能知，莫能行。"是说，他所说的关于遵循自然客观规律的话，是很容易懂、很容易做到的，但人们却很少能够懂得和遵循客观规律行事。

老子接着说："言有宗，事有君。夫唯无知，是以不我知。"是在讲，他的言论主题明显、依据确凿，但因为人们大多不明白客观规律的奥秘，所以不懂他。

　　最后，老子客观阐述了真理推广任重而道远："知我者希，则我者贵。是以圣人被褐而怀玉。"是在讲，正是因为懂得他所说的真理的人很少，更加显得他的主张的可贵。这也是由于智者往往都有朴实的外表却怀有超人的智慧，才不那么引人注意呀！

# 第七十一章

## 实事求是不虚伪是智者特质

知不知，尚矣；不知知，病也。夫唯病病，是以不病。圣人不病，以其病病，夫唯病病，是以不病。

在本章，老子明确指出了实事求是、反对虚伪，是一个智者的优秀品质。

老子开篇说"知不知，尚矣"，是在讲，智者明明自己很有学问，却还是认为自己知道的还很不够，这是一种正确的态度。

接着，老子肯定指出虚伪的错误性："不知知，病也。"是在讲，明明自己知识不足，却装作知识渊博的样子，这是一种虚伪的不正确的态度。

最后，老子从正反两个角度指出智者如何洁身自好。

首先说"夫唯病病，是以不病"，是在讲，智者的身上没有
虚伪的缺点，是因为智者能够实事求是，厌恶那种虚伪的
作风。最后，老子得出结论："圣人不病，以其病病，是以
不病。"是在讲，正是因为智者厌恶那种虚伪的作风，能够
坚持实事求是，所以智者身上就没有虚伪的缺点。

# 第七十二章

## 爱民与自爱保障组织健康成长

民不畏威，则大威至。无狎其所居，无厌其所生。夫唯不厌，是以不厌。是以圣人自知不自见；自爱不自贵。故去彼取此。

在本章，老子站在组织治理的角度，讲了管理者的爱民和自爱思想的重要性。

老子开篇警示管理者："民不畏威，则大威至。无狎其所居，无厌其所生。夫唯不厌，是以不厌。"老子的意思是，在组织治理过程中，如果人民已经对统治者的威吓都不害怕，那么，这个组织就要面临大问题了。千万不要害得人民居无定所，不要一味压榨人民。只要统治者不对人民进行压榨，人民就不会起来反抗。

第二部分，老子向管理者传授治理之道："是以圣人自

知不自见，自爱不自贵。故去彼取此。"老子的意思是，所以，那些智者治理组织时，会做到有自知之明而不过分自我标榜，会做到自爱但不会自视高贵脱离人民。因此，智者选择自知自爱，从不会自我标榜、自视高贵。

# 第七十三章

# 真理不言自明，守之皆可大成

　　勇于敢则杀，勇于不敢则活。此两者，或利或害。天之所恶，孰知其故？是以圣人犹难之。天之道，不争而善胜，不言而善应，不召而自来，繟然而善谋。天网恢恢，疏而不失。

　　在本章，老子历数了可以不言自明的真理，启发世人坚守真理方可实现人生大成，并阐述了人类认识真理的局限性和真理无处不在的道理。

　　老子的不言而明真理之一："勇于敢则杀，勇于不敢则活。此两者，或利或害。天之所恶，孰知其故？"意思是，一个人如果只是内心勇敢，但做事莽撞，会经常把自己置于困境；而一个人如果内心勇敢，但能够做到遇事冷静、谋定而动，往往成事会顺利。这两种人哪一个更有利于个人发展，一看便知。

第二部分，老子以真理的无限性和人类对真理了解的有限性，作为承接："是以圣人犹难之。"意思是，哪些做法符合真理，哪些做法不符合真理，人们往往很难知道原因，就是智者也是有很多不明白的事情。老子接着说"天之道"，即有些真理还是很确定的。譬如：

老子的不言而明真理之二："不争而善胜。"即一个从不与人争利的人往往会赢得别人的支持；

老子的不言而明真理之三："不言而善应。"即一个能够按照客观规律行事，却不夸耀自己的人，往往会赢得人们的赞成，不需要去召集，人们也会紧紧追随其左右；

老子的不言而明真理之四："不召而自来，繟然而善谋。"即一个能够遵循真理的人，因为掌握了真理，往往表现得襟怀坦荡、能谋善断。

在本章最后，老子阐述了真理无所不在的道理："天网恢恢，疏而不失。"即真理就像是上天撒下的一张巨大的网一样，这张网无比宽大却无所不容、包罗万象。

# 第七十四章
## 守真理爱人民安民保己

民不畏死，奈何以死惧之！若使民常畏死，而为奇者，吾得执而杀之，孰敢？常有司杀者杀，夫代司杀者杀，是谓代大匠斫。夫代大匠斫者，希有不伤其手矣。

在本章，老子似乎是有点喃喃自语地历数着管理者"伤民"之害，以期望能够警醒管理者学会"爱民安民保天下太平保自身平安"。

老子喃喃自语第一句："民不畏死，奈何以死惧之？"是在讲，如果苛政已经达到民不聊生的地步了，怎么还能用死亡来威胁人民使人民就范呢？

老子喃喃自语第二句："若使民常畏死，而为奇者，吾得执而杀之……孰敢？"是在说，如果制定苛政经常让人民处于不聊生的境地的人，会受到真理的惩罚，就不会有人敢经常置人民于死地了。

老子喃喃自语第三句："常有司杀者杀。"是在讲，按照规律，一个人妄为达到一定的程度，就会自然得到惩罚。

老子喃喃自语第四句："夫代司杀者杀，是代大匠斫。夫代大匠斫者，希有不伤其手者矣。"如果违背自然规律人为决定人民的生死，就像一个不懂木工的人代替木匠砍木头一样，必定会伤到自己。

读完本章喃喃自语四句，感受到老子悲世爱民之情表达得好不酣畅淋漓。

# 第七十五章

## 让利于民、不扰民，使民安乐

民之饥，以其上食税之多，是以饥。民之难治，以其上之有为，是以难治。民之轻死，以其求生之厚，是以轻死。夫唯无以生为者，是贤于贵生。

在本章，老子讲了国家有序治理、使民安乐的秘诀，就是让利于民不扰民。老子两度讲了应该让利于民："民之饥，以其上食税之多，是以饥。……民之轻死，以其上求生之厚，是以轻死。"意思是，人民的生活条件拮据，主要是因为上交的苛捐杂税太多。人民之所以会在统治者的苛政面前不畏死亡铤而走险，是因为统治者太过骄奢淫逸，而人民不甘心遭受剥削，所以人民才会舍生忘死。

老子从"不扰民"和"不骄奢"讲"使民安乐"。老子说："民之难治，以其上之有为，是以难治。……夫唯无以生为者，是贤于贵生。"是在讲，统治者感觉人民不好管理，是因为统治者往往以主观意志过分干预人民的生产生活，导致人民无所适从，不能按照统治者的主观意志行为做事，所以统治者自己才感觉人民治理很难。如果统治者不过分贪图自身的享受，而是多关注人民的疾苦，这样做对于国家的治理一定会好于骄奢的做法。

# 第七十六章
# 柔弱胜刚强

人之生也柔弱，其死也坚强。草木之生也柔脆，其死也枯槁。故坚强者死之徒，柔弱者生之徒。是以兵强则灭，木强则折。强大处下，柔弱处上。

在本章，老子通过对自然界生者柔弱、死者坚强现象的观察总结，类比论证出"柔弱胜刚强"的结论。

老子说："草木之生也柔脆，其死也枯槁。故坚强者死之徒，柔弱者生之徒。"意思是，人们在活着的时候，整个身体都是柔软的，而当人死了以后，身体就会变得十分僵硬；花草树木这些植物在生长着的时候都很柔软，而当它们死去之后就会变得干硬枯槁了。

接着，老子得出结论"人之生也柔弱，其死也坚强。……是以兵强则灭，木强则折。强大处下，柔弱处上。"老子的结论是，凡是看起来坚强有力的东西，我们大可把他们归为近乎灭亡的一类东西，而那些看起来柔软柔弱的东西反而会蕴藏着生的力量。因此，在用兵方面，过于逞强好胜，反而不会取得胜利，而树木越是长得粗壮，越是意味着它的生长期即将结束，面临被砍伐的境地了。所以，可以总结说，万事万物当看起来处在坚强强大的时候，就是正在要走下坡路的时候，当看起来正在柔弱的阶段，却正是预示着它们将要向上发展。

# 第七十七章

## 爱民为民有法则有榜样，是人类奔向公平文明的一道光

天之道，其犹张弓与？高者抑之，下者举之；有余者损之，不足者补之。天之道，损有余而补不足。人之道则不然，损不足以奉有余。孰能有余以奉天下？唯有道者。是以圣人为而不恃，功成而不处，其不欲见贤。

在本章，老子通过对自然法则的总结，和智者爱民为民的榜样，告诉世人"天道"就是人类向往的公平，而拥有爱民为民之心的智者就是人类奔向文明公平的那道光！

老子开篇以自然法则为论据，老子说"天之道，其犹张弓者与？高者抑之，下者举之；有余者损之，不足者补之。"意思是，大自然的运行法则，就像张弓射箭一样，看

到比靶心高了就向下压一下，看着比靶心低了就抬高一些；感觉力道过大了就松一下劲道，感觉力道不足就再加把劲。由此可见，自然的运行规律将有余的来弥补不足的，以保持自然的平衡。

接着老子感慨当时社会现象的不公平："天之道，损有余而补不足；人之道则不然，损不足以奉有余。"即我们看到的人类社会的运行法则就不是这样了，那些明明已经非常贫穷的人，却还是节衣缩食，供给那些已经富裕的统治者。

最后，老子讲到自己看到的推进人类社会公平的光芒力量："孰能有余以奉天下？唯有道者。是以圣人为而不恃，功成而不处，其不欲见贤。"老子讲的是，那么，又是谁有力量来拯救天下人民呢？只有那些懂得自然运行法则的人才可以做到。所以，我们看到，那些智者明明作为很大，却不居功自傲甘心把功劳让给人民，明明是自己的劳动和智慧所得，却不占为己有而是分享给人民。明明是一直在用自己的智慧开发人民的心智，他们却从不想把贤能的桂冠带到自己头上，只有这样的智者，才真正符合大自然的运行法则，才可以天长地久。

# 第七十八章

## 柔弱胜刚强　解决问题是王道

　　天下莫柔弱于水，而攻坚强者莫之能胜，其无以易之。弱之胜强，柔之胜刚，天下莫不知，莫能行。是以圣人云：受国之垢，是谓社稷主；受国不祥，是为天下王。正言若反。

　　在本章，老子着重强调了柔弱胜刚强的真理！并且通过自己对人文历史的总结，将柔弱延伸为"解决问题、承担苦难"，而且喻之以"王道"！

　　老子开篇首先论述柔弱胜刚强，老子说"天下莫柔弱于水，而攻坚强者莫之能胜，其无以易之。柔之胜刚，弱之胜强，天下莫不知，莫能行。"意思是，万事万物如果论及柔弱没有比得上水的了，而论及坚强却也是没有可以胜的过水的了！纵观自然和人类社会的进程中，弱小可以战胜强大，柔软可以战胜刚强的法则，天下人没有不知道的，但是却很少有人会做到。

接着，老子把他所说的柔弱，借智者之口，延伸为解决问题、承担苦难的人，并得出此即为王道的结论！老子说"是以圣人云：受国之垢，是谓社稷主；受国之不祥，是谓天下王。正言若反。"意思是，所以，有智者说："能够集全国之屈辱于一身的人，就可以成为国家的主人；能够承担整个国家的苦难的人，才可以做天下的君王。"这句话听起来不可思议，却是人类社会发展的真实写照。

# 第七十九章

# 永不结怨，与人为善

　　和大怨，必有余怨，报怨以德，安可以为善？是以圣人执左契，而不责于人。有德司契，无德司彻。天道无亲，常与善人。

　　在本章，老子讲了一个为人处世和治国理政的细致入微的真理——永不结怨恨、与人为善。

　　老子首先讲不结怨："和大怨，必有余怨，安可以为善？是以圣人执左契而不责于人。"意思是，在国家治理和与人交往过程中，如果对人民积怨太深，即使化解了大的怨恨，终究还是会有不可化解的余怨，这不是最好的解决方法。最好的方法是永不结怨，就像是明明拿着借据，却也不会理直气壮地向债务人索要债务那样，无论如何都不要让人民怨恨你。

接着，老子做了进一步论述："有德司契，无德司彻。天道无亲，常与善人。"明白这些道理的人做事就像这些持有借据不要债的智者一样与人为善，而那些不明事理的人，就像是那些凭主观制定税法征缴苛捐杂税的人一样蛮横。真理面前人人平等，真理对人没有亲疏之分，但是真理往往会善待那些遵循真理的人。

# 第八十章
# 老子的桃源画卷

小国寡民，使有什伯之器而不用，使民重死而不远徙。虽有舟舆，无所乘之；虽有甲兵，无所陈之；使人复结绳而用之。甘其食，美其服，安其居，乐其俗。邻国相望，鸡犬之声相闻，民至老死，不相往来。

在本章，老子凭借自己有限的认知，构建着自己理想社会——可以称为老子版的春秋桃源！

老子开篇为"春秋桃源"定下格局，即"小国寡民"。把整个国家划分为一个个小的区域，每个区域的人数要尽量少一些。

"春秋桃源"优势一，不伤财，即"使有什佰之器而不用"，意思是，国家的治理不需要非常先进的工具。

　　"春秋桃源"优势二，不劳民："使民重死而不远徙。虽有舟舆，无所乘之；虽有甲兵，无所陈之。"意思是，让人民不必冒着死亡的危险四处奔波谋生，虽然有先进的交通工具却不需要经常乘坐，虽然有强大的军队，因为没有战争，所以不需要他们上战场。

　　"春秋桃源"场景——安居乐业。老子说："使人复结绳而用之。甘其食，美其服，安其居，乐其俗。邻国相望，鸡犬之声相闻，民至老死，不相往来。"意思是，尽量教化人们保持淳朴的民风，这样的状态下，人民就可以享受甘甜的美食，穿着华丽的衣裳，安详地住在自己的家里，每个人都可以按照自己的风俗习惯快乐生活。每个区域之间距离可以很近，相邻区域之间可以互相看到，鸡犬之声可以相互听到，而各区域的人民之间各自为治互不干涉。

# 第八十一章
# 老子的人性画卷

　　信言不美，美言不信；善者不辩，辩者不善；知者不博，博者不知。圣人不积，既以为人，己愈有；既以与人，己愈多。天之道，利而不害；圣人之道，为而不争。

　　在本章，老子通过对照智者的言谈和行为，深刻论述了应该如何识人，可以称为老子的"人性画卷"。

　　老子的"人性画卷"智者言谈准则一："信言不美，美言不信。"意思是，那些诚实可信的语言往往不很好听，而那些花言巧语往往不诚实可信。

　　老子的"人性画卷"智者言谈准则二："善者不辩，辩者不善。"意思是，那些善良的人从不巧舌如簧，而那些巧舌如簧的人一般都不善良。

老子的"人性画卷"智者言谈准则三："知者不博，博者不知。"真正的智者不会夸夸其谈地卖弄自己的才能，而那些夸夸其谈标榜自己学识的人绝不会是真正的智者。

老子的"人性画卷"之智者的行为准则，即："圣人不积，既以为人，己愈有；既以与人，己愈多。天之道，利而不害；圣人之道，为而不争。"意思是，真正的智者从不会专注于为自己敛财，他们总是尽力去帮助别人，自己反而会越来越富有；他们越是致力于给予别人，自己的财富越是不断增加。自然界的客观规律是万物之间总是互相补充而不是互相伤害；智者做人的真谛是遵循自然规律，顺其自然，不妄为。

# 附　录

## 大众的经典

——晓岚经典读书会致敬 2021 世界读书日

今天是 2021 年世界读书日，也是乐陵市晓岚经典读书会发起一周年纪念的日子。

清晨，心中默念着去年今日形成的读书会宗旨"倡导国学经典 推进文明进步 读书创造价值 倾心关注公益"，是因为一直在思考，如何才能做到"倡导国学经典"，所以想到要写一篇这样的文章。

自古以来，我们这个拥有着灿烂文明的民族，留下的可谓浩如烟海，从四书五经到唐诗宋词，从四大名著到近现代为了民族解放、国家独立而高歌的鲁迅、闻一多等先驱们的作品等，无不彰显着我们华夏屹立于世界民族之林的昂扬姿态！无不是字字珠玑的经典！而伟大领袖毛泽东主席留给我们的文章和诗词等，更是凝结了一步一步从一个胜利走向又一个胜利的实践版的华章！

经典，如何传承？世代仁人志士文人学士一直在努力！立足于乐陵市晓岚经典读书的发展宗旨，我们建议倡导"大众的经典"。

我想，大众的经典首先是人人可以看得懂的、听得懂的！然后是人人可以从中有所悟的、有受益的！在推广的形式上是大众喜欢的、愿意接受的！

所以，我们建议尽量采取白话的形式去传递经典！我们精心提炼精炼的专题来解读经典！期待我们的解读可以成为经典倡导过程中，"抛砖引玉"的小砖头、"一石激起千层浪"的小石头！我们还给自己定了一个小目标，就是采用捐赠助学的方法，建设一家又一家经典读书学院来作为经典传承的阵地，每年一届专门筛选"经典传承人"、培养志愿经典传承的讲师，组织社会各界人士学习经典，我们还计划从娃娃抓起——利用夏令营冬令营等形式，义务组织学生系统学习经典！我们经典读书学院的讲师也要走进各类企事业单位、社会组织去宣讲经典！

总之，我们的晓岚经典读书会，想法很多，可能还不够成熟，但是，我们一直走在倡导国学经典的大道上，愿意和大家一起，愿意收到你的每一个建议，愿意和你一起，把国学经典的传承做成我们毕生的、家族的、民族的事业！

乐陵市晓岚经典读书会致敬 2021 世界读书日！

郭景华

2021 年 4 月 23 日星期五